结婚由我

非婚ですが、それが何か!?

[日] 上野千鹤子　[日] 水无田气流　著
董纾含　译

湖南文艺出版社　博集天卷

上野千鹤子

&

水无田气流

前　言

是个人就要结婚的"全民结婚时代"已经过去了……当后世的人们回顾这段历史时，大概会将它形容成一个暂时性的异常时期吧。

年轻男女不结婚……那又如何？

社会关心年轻男女的结婚问题，其真正的目的是希望他们生育。因为在日本，结婚和生育有着极强的联动性。只要结婚就一定会生育。反之，倘若没结婚，那就算想生也没法生。在日本这个国家，如果一个女人没有从属于某个男人，那就相当于没有生育子女的自由。

其实，比起不婚，社会更关心的是少子化。因为少子化会导致国家财富的减少。

然而，**无论结婚还是生育，都是属于每一个独立男女的个人选择。**人不是为了国家和社会去生育的。追溯历史我们会看到，无论是施行奖励生育的政策还是控制生育的政策，除非这些五花八门的人为介入同时伴随着极大的强制性，否则就是毫无效果的。说到底，公权力和政策其实根本就不应该去插手个人的决定。

选择不婚，自然有不婚的理由。相反，**我倒很想听听选择结婚和生育的人，究竟是出于什么理由呢？因为大家都是这样做的？因为这是理所当然的？还是因为这是所有人必然会经历的？去除掉习俗和规范的因素之后，又有多少人会选择结婚和生育这条路呢？** 反过来讲，假如弱化掉习俗和规范的力量，那么它们诱使个人组成异性恋情侣，并最终成为父母的能力也会变低吧？制度和经济方面尚且是向着"结婚会有所得"的方向行动的，可只要它们放松了强制力和压力，选择结婚和生育的人就仍会减少吧。

简单来讲，此前人们一直是在"男人和女人没有彼此就无法自立"的状态下生活过来的，所以男男女女们才会争抢着去结婚，并且共同遵循着"一旦结婚就要生育"的规范，成了父母。

倘若这些社会压力消失了，那么按照自身愿望去结婚、按照自身选择去成为父母的人会有多少呢？即便其结果会导致结婚的人数减少、新生儿数量减少，可毕竟是个人自发选择的结果，所以这样做并没什么问题。我们的社会只需配合这样的选择去进行再规划即可。其实对近代以前的社会来说，出现一个所有人都要结婚、所有人都要做父母的时代是意料之外的事。在那样一个人口高速增长时期来临的时候，社会也相应地做出了新的规划，同

前言

时存续了下去。

人不发乎爱情也能结婚,也能性交、怀孕、生育。倘若习俗与规范失去了强制力,这种婚姻和生育就都会减少,将导致新生儿的数量减少。如果忍受无爱婚姻的男女变少,被无爱的父母抚育长大的孩子也会变少,这样不是很好吗?如果在结婚的压力下产生的对不婚和无子女者的歧视,以及对性少数者施压的情况能消失,那就更好了。如果还能迎来一个女性无论在婚内还是婚外,都能放心地生育子女的社会,那更是最好不过了。

我是一名生于团块世代①的单身者。水无田女士则是团块世代少年。她"错误"地成了母亲,在育儿的战役中苦斗。我们两个年龄差近乎母女的社会学者,将在本书中结合自身经验及宏观数据,随心所欲地讨论个人与时代的变化。

或许,本书也将成为我们在不婚时代生存下去的一本指南书吧。

上野千鹤子

---

① 团块世代:又称"婴儿潮时代",指日本在第二次世界大战结束后的1947—1949年出现生育高峰时出生的一批人。其后的"团块世代少年",则是指1971—1974年出生的"团块世代"人的孩子们。——译者注(如无特别标明,即为作者注)

上野千鹤子

寄赠中国读者

结婚也可,不婚也可。生育也可,不生也可。

女性的人生价值并非取决于此。

无论在中国还是日本,『单身人士』都在增加。

不婚,又如何?

上野千鹤子

目录

第一章
不婚时代

- 不婚耻辱 …………………………………………………………… 002
- 结婚愿望并不低,可结婚率却在降低 ………………………… 005
- 确信单身人数的增加 …………………………………………… 006
- 确信单身人群的实态 …………………………………………… 011
- 结婚就会吃亏 …………………………………………………… 014
- 保守化、全职主妇意愿导致"晚嫁"人数的增加 ……………… 016
- 女性积极不婚是一种合理选择 ………………………………… 021
- 对高收入阶层的男性来说,家庭即是风险 …………………… 026
- 高度成长时期是日本人生活的巨大转折点 …………………… 031
- 产业的工业化提高了结婚率 …………………………………… 035
- 全民结婚时代才是异常的时代 ………………………………… 037

- 一生无法结婚的女大学生的不安 ········· 041
- 女性想做全职主妇的愿望为何会增强？ ········· 044
- 未被阉割的儿子和女儿 ········· 046
- 对妻子的偏好条件出现了改变 ········· 051
- 一般家庭也有帮佣的时代 ········· 053
- 保守的婚姻观念是导致不婚化的原因？ ········· 056
- 为何日本的同居、事实婚姻人数没有增多？ ········· 059
- 在 20 世纪 60 年代，三十二岁就是"嫁得晚了" ········· 063

第二章
单身社会和少子化来临

- 日本的社会保障无法应对单身选择 ········· 068
- 越是拥有保守家族观念的发达国家，少子化进程越迅速 ········· 072
- 单身妈妈所遭受的责难 ········· 075
- 进入保育所是恩惠还是权利？ ········· 078

目录

- 恋爱结婚的实态是同质婚 ········· 080
- 公司是一个寻找配偶的"鱼塘" ········· 085
- 高度成长时期男性的"攀高枝"现象 ········· 088
- 日本的男人是全世界最孤独的 ········· 091
- 选择配偶时的意愿决定者从父母变成了本人 ········· 093
- 团块世代在避孕方面做得很差? ········· 097
- 偏好排挤子女的团块世代 ········· 099
- "3·11"为主妇们带来的烦恼 ········· 103
- 这四十年间,整个世界丝毫没变 ········· 105
- 日本不是歧视女性的社会,而是优待男性的社会 ········· 107
- 对"虚抬成绩"的男性们的怨恨 ········· 110
- 男女学历的差距并非能力差距,而是父母投资的反映 ········· 113
- 医生、律师考试的女性合格率高速增长的原因 ········· 115
- 结婚后不再从业的女医生们 ········· 118
- 聪明的女性不会选择综合职,而是会选择一般职 ········· 120
- 能力出色的女性支撑着日本旧有的男性社会的存续 ········· 123
- 毫无育儿战斗力的丈夫们 ········· 125

- 一边心怀怨恨，一边侍奉"公司村"老公的妻子们 ······ 129
- 不指望父亲，转而依靠（外）祖母育儿 ······ 132
- 即便孩子出生，男人们的生活方式和工作方式
  也丝毫没变 ······ 134
- 日本离婚率低，并非意味着夫妻关系良好 ······ 136
- 日本家庭中的夫妻没有沟通，但却会再生产 ······ 139
- 丈夫这种生物，方方面面都很迟钝 ······ 141
- 无法见证子女成长的父母们 ······ 145
- 关于共同保育的尝试 ······ 147
- 避讳烦琐的人际关系，以及红白喜事的商品化 ······ 150
- 厌食症和自残行为为何
  会在 20 世纪 90 年代急速增加？ ······ 154

第三章
不婚时代的家族肖像·亲子关系的真相

- 想要催婚，那就切断粮道 ······ 158
- 会对不婚、少子化感到苦恼的只有财界而已 ······ 161

- "整整三年尽情围着孩子转的育儿假"
  是一种拒绝女性回归职场的政策 ⋯⋯⋯⋯⋯ 164
- 十来岁青少年的妊娠率及堕胎率在增加 ⋯⋯⋯⋯⋯⋯ 166
- 共同监护的问题点 ⋯⋯⋯⋯⋯⋯⋯⋯⋯⋯⋯⋯⋯⋯ 168
- 全社会都需要为育儿支付费用的国家 ⋯⋯⋯⋯⋯⋯⋯ 173
- 没有变化，无法变化的日本 ⋯⋯⋯⋯⋯⋯⋯⋯⋯⋯⋯ 177
- 为何会出现"有男人味""有女人味"的再生产？⋯⋯⋯ 179
- 社畜和家畜的婚姻生活 ⋯⋯⋯⋯⋯⋯⋯⋯⋯⋯⋯⋯⋯ 182
- 为何要和地域团体紧密相连？⋯⋯⋯⋯⋯⋯⋯⋯⋯⋯⋯ 185

第四章
雄性败犬和女性文化的鼎盛

- 不是不婚，而是婚前离婚 ⋯⋯⋯⋯⋯⋯⋯⋯⋯⋯⋯ 190
- 全职主妇这种上流阶级 ⋯⋯⋯⋯⋯⋯⋯⋯⋯⋯⋯⋯ 192
- 市场的成熟促使"女性文化"成长 ⋯⋯⋯⋯⋯⋯⋯ 194
- 雄性败犬这种悲惨的存在 ⋯⋯⋯⋯⋯⋯⋯⋯⋯⋯⋯ 197

- "因为沉迷动画和偶像，所以才会不婚"的论调 ⋯⋯⋯⋯ 199
- 在任何时代都存在故事消费这种东西 ⋯⋯⋯⋯⋯⋯ 204
- 雄性败犬强大的"失败感" ⋯⋯⋯⋯⋯⋯⋯⋯⋯⋯⋯ 207
- 男性的症结——只要有人气，一切都能迎刃而解？⋯⋯ 209
- 男性的世界里，只要有钱有权，女人们就会贴上来 ⋯⋯ 212
- 男人们无法再用"没人气"的借口了 ⋯⋯⋯⋯⋯⋯ 215
- 只要放下男性身份，就能变轻松 ⋯⋯⋯⋯⋯⋯⋯⋯ 218
- 女性主义令不合时宜的真相显形 ⋯⋯⋯⋯⋯⋯⋯⋯ 221

第五章
不婚时代的性存在

- 出现了对男人来说很"方便"的女性 ⋯⋯⋯⋯⋯⋯ 226
- 财力不再是拥有情人的必要条件 ⋯⋯⋯⋯⋯⋯⋯⋯ 233
- 日本的女人有大半甚至连异性恋都不算？⋯⋯⋯⋯⋯ 237
- 热衷约会者的 *Hot-Dog PRESS* ⋯⋯⋯⋯⋯⋯⋯⋯ 241

- 给性少数者阅读的《一个人的老后》 ············ 244
- 写进牛津英文词典的"HIKIKOMORI" ············ 246
- 拥有及没有社会资本的孩子 ············ 252
- 离婚的得失计算 ············ 256
- 男人的"依赖构造"是什么？ ············ 259
- 20世纪90年代男人们追捧的治愈系偶像 ············ 263
- 不再是榜样的父亲 ············ 266

第六章
不婚时代，该如何生存？

- 日本是结婚、生育不可分割的社会 ············ 272
- 人为什么会想要孩子？ ············ 275
- 结婚率降低，生育率也降低，这是理所当然的归宿 ············ 278
- 不生育的利己主义，输给了生育的利己主义 ············ 280
- "不可以欲望为主体"的构图 ············ 282

- 仍未转化为语言的日本母子问题 ⋯⋯⋯⋯ 285
- 母亲和儿子之间令人毛骨悚然的倒错 ⋯⋯⋯ 289
- 无法同父母分离的孩子们 ⋯⋯⋯⋯⋯⋯ 293
- 面向一个能够自由选择不婚、结婚以及生育的社会 ⋯⋯ 296

结　语 ⋯⋯⋯⋯⋯⋯⋯⋯⋯⋯⋯⋯⋯⋯⋯ 301

第一章

不婚时代

结婚由我

不婚耻辱

水无田：关于"不婚"这个话题其实是很难聊的。因为该问题的核心部分存在空白区域。这个空白就在于，那些不婚者对"未婚"和"不婚"一类的词，可能本身就心存较为强烈的忌讳……

上野：因为他们有着"不婚耻辱"吧。我生于1948年的婴儿潮时代，在我们那个年代，"不婚耻辱"要比如今的"败犬"一代更强大。我至今还能回忆起当时的一些歧视性用语，比如"三十振袖①""未嫁孀寡②"等。直到我二十来岁的时候，人们都还在用"未嫁孀寡"这个词。

水无田：关于"未嫁孀寡"这个说法，我在自己写的那本《无赖化的女人们》中也曾提及。除此之外，还有形容女性过了适龄期仍旧未婚的"old miss（老处女）"等。

---

① 三十振袖：即"三十振袖，四十岛田"。"振袖"指年轻的未婚女性所穿的和服，"岛田"则是一种未婚女性和婚礼上梳的发型。这种说法用来揶揄女性故意把自己打扮得年轻，显得与实际年龄不相符。——译者注

② 未嫁孀寡：原文为"嫁かず後家"，其中"後家"指寡妇、孀妇。这种说法同样是对未婚女性的歧视用语。——译者注

第一章 不婚时代

上野："old miss"再加"high miss（老姑娘）"应该已经算废语了吧？估计现在的人都听不懂了。

水无田：没错。像"old miss"这种程度的词可能还偶尔会听到，不过我的学生们已经不懂什么叫"孀寡"了。还有人问我："孀寡是生长在森林里的东西吗？"他们估计把它当成什么发光的苔藓一类的东西了，这可是真事哟。

上野：啊哈哈哈，那可太好笑了。说起来，夫妻二人婚后共度的第一个夜晚不是被称作"初夜"吗？现在，这个词也成了废语。

我想起了2014年去世的社民党原党首土井多贺子。当年在国会上，可净是对土井女士近乎性骚扰般的奚落。不是还有人说什么"多贺子小姐您没有老公，肯定不能理解喽"一类的话吗？我希望社会能抹除这种"耻辱"，所以写下了《一个人的老后》。后来独身者们的生存状况应该好了很多，但"不婚耻辱"这种东西，时至今日仍旧存在。

水无田：我感觉最近二十岁至三十岁的女性反而愈加保守化了，从某种意义上讲，这个时代的整体气氛出现了摇摆。历史并不是笔直向前进的，它更像一个钟摆，一边在保守和反动之间激烈摇摆着，一边向前进……

上野：时代的变化总是曲折向前的。不过令人比较意外的是，宏观数据看上去倒没有很大的波动。数据显示，**日本男女的结婚愿望明明没有降低，但结婚率却在不断下降。**

水无田：是啊。我想，**这就表示人们对结婚的愿望存在着理想与现实相背离的情况。**

第一章 不婚时代

结婚愿望并不低，可结婚率却在降低

上野：我认为，**在"无论如何都想结婚"和"如果可以就想结婚"这两种想法中，持后一种想法的人变多了。**虽然愿望变得没有以前那么坚定，但是愿望本身却没有改变，只是横向波动而已。可即便如此，结婚率本身却降低了。就像刚才水无田女士所说，尽管历史在摇摆，可结婚率却始终没有上升的迹象。

水无田：的确没有。实际人数也是如此呈现的……正如您所说，连上升迹象都感受不到。

上野：东日本大地震之后，所有人都在呼吁"牵绊"这个词，包括媒体也在宣传，甚至出现了"牵绊热潮"。大家本来预计那一年结婚的人数会增加，但实际上仍旧没有变多。

水无田：那一年的结婚人数反而是二战后（截至2015年）最低的。

上野：所以说，眼下的确是完全看不到能够将结婚率下降的趋势反推回去的任何变化。

结婚由我

确信单身人数的增加

水无田：看一看年轻人的意愿调查就会发现，他们的家庭观念和结婚观念虽然有保守化倾向，但其实并未和与家庭相关联的行动绑定起来。不过与此同时，还有一点我有些在意，**那就是选择"一生都不打算结婚"的积极不婚派男性，在过去二十八年中增加了近五倍。**

上野：男性啊……原来如此。迄今为止，我们都说日本不婚者有一大特征，就是"妥协型单身"。我知道确信单身者是少之又少的，其中确信单身的女性更是超级稀少，所以，主要涨幅都在男性这边了吗？

水无田：**积极不婚派女性人数也在二十八年间增加到两倍。而且从比例上看，选择"一生都不打算结婚"的女性增多了。**

上野：虽然翻倍了，但占比仍是个位数啊。

水无田：是的，只有8%。同时，男性这边已经有一成的人数选择了"一生都不打算结婚"。粗略看来，大约有85%的人选择"此后准备结婚"。不过日本人的国民性就是比较喜欢含糊其词,所以倘若要日本人在"是""不是""两者皆否"之中做选择,一般人都会选"两者皆否"。所以为什么有那么多男性可以断言自己一生都不打算结婚呢?我对驱使他们做出这种选择的背景有些在意。

上野:您观察到了什么呢?

水无田:我发现,结婚给他们带来的负担变得越来越重了。以往婚姻中丈夫的角色、父亲的角色都有些太过沉重了,难以应对——现在这样想的男性或许比女性还要多。当然,**这还涉及年轻一代男性总体薪酬水平低下、职级晋升和底薪上调也变得迟缓等雇用关系方面的问题。**不过,我更想求证的是那种充斥整个社会的……怎么说呢,那种复杂且别扭的感觉,其本源究竟在哪里。

上野:我希望您能将调查数据陈述得再详细一些,比如,其中这10%的男性,他们的学历、年收入等。

水无田:数据还没有详细到您说的这一步。不过,我眼下其实正准备展开相关的调查,探寻年收入阶层,以及不同年龄、年收入阶层中那些积极选择单身者的实态。最先准备查证的,就是那些虽有一定的年收入,却对结婚持否定态度的人。

上野:当我们谈论"单身主义"时,需要注意:不分年代和性别、主动选择单身的"主动单身派"和一步步妥协于现状、出于

结婚由我

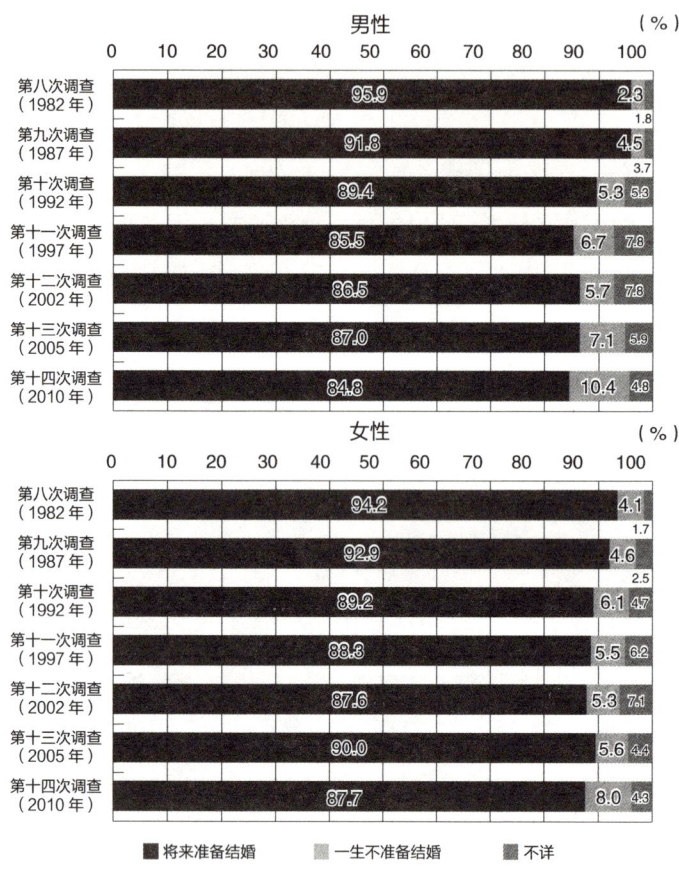

资料：日本国立社会保障·人口问题研究所《出生动向基本调查》，厚生劳动省政策统筹官付政策评价官室制作。
注：第八次至第九次调查的对象为十八岁至三十四岁的未婚者，第十次至第十四次调查的对象为十八岁至三十九岁的未婚者。

无奈而选择单身的"被动单身派",这两者需要先加以区别,决不能混为一谈。

水无田:您说得很对。

上野:也就是说,那10%的男性的意愿是否属于主动选择,这一点还不清楚。再看看其他数据(总务省就业构造基本调查),首先单就男性而言,他们的结婚率是和年收入紧密相关的。**男性正规、非正规的雇用形态和结婚率,这两者也是紧密相关的。**所以,我很想知道现在这10%的人的选择,究竟分布在哪些方面。

水无田:是呀,我也希望能将这一点展现得明确一些,不过关于这一问题,我暂时还处在寻找着手机会的阶段。前面我们也聊到了,选择"一生都不准备结婚"的女性人数在二十八年前是4%,现在则是8%。

上野:女性确信单身者到我们那一代人的时候不满1%。后来增加到4%,然后又增加到8%,是这样吗?

水无田:1982年是4.1%,到了2010年则是8.0%。男性调查对象的年龄是十八岁至三十九岁,在1982年那段时期积极选择"一生都不准备结婚"的男性是2.3%,到了2010年,则增加至10.4%。

上野:男性是10%,女性是8%,人数并不平衡。

水无田:没错。在过去,积极选择单身的男性人数所占比例只有 2.3%。1982 年那段时期，积极选择单身的女性人数所占比例则有 4.1%。这个数据是厚生劳动省发布的统计结果，原数据来自社人研（日本国立社会保障·人口问题研究所）。

上野：也就是说，原本是女性人数较多，现在则被男性人数反超了。

水无田：20 世纪 80 年代后半期，男女人数几乎持平，进入 20 世纪 90 年代后，男性人数超过了女性人数。

第一章　不婚时代

确信单身人群的实态

上野：这一数据的变化本身就很有讨论价值。**谈到 20 世纪 80 年代，我们称其为"女性的时代"。在这一时期，女性的雇用规模得到了扩大。正如我反复提到的，对在那之前的女性来说，结婚属于一种保障生活财产的方式，所以她们除了结婚没有其他选择。但是雇用女性的规模扩大之后，"结婚"这种"生活必需品"摇身一变，成了"奢侈品"。**所以，我认为本数据中这 4.1% 的人群，应该属于"主动单身派"。

在当时，正处于适婚年龄的一代人中有很多"酒井顺子[①]"。这些人恐怕就是"败犬"一代的先驱者。**她们尽情享受着泡沫经济，支撑起她们的基础是她们自身赚钱的能力再加上父母的经济能力。**所以在她们看来，与其依靠丈夫，不如依靠双亲更加轻松。这种观念也促使她们成了"妥协型单身派"。整个前因后果就是这样。

[①] 酒井顺子：随笔家，著有畅销作品《败犬的远吠》。

再看同时期的男性，属于积极不婚派的占 2.3%。在当时的男性看来，就算自己不努力，也早晚会有人愿意和自己结婚。这纯粹属于一种惯性的期待。在这一时期，这种出于惯性的期待便频频落空。

再看 2010 年，这一时期的不婚派女性人数所占比例已达到 8%。在我看来，选择不婚的女性人数所占比例达到 8% 并不稀奇，不过同期的不婚派男性人数所占比例竟然高达 10.4%，关于这个数据，水无田女士，您怎么看？

水无田：我想原因之一就是雇用环境的恶化。除此之外，因为常会参考一些学生给出的调查结果，所以我还会想到的原因是，在男性"将工资上交家庭，只拿一些零花钱"这种模式下，男性能够自由支配的金钱变少了。加之，自己的时间还要为了家人分割出去很多。我想，男性选择不婚，可能就是对这些不自由心怀抵触吧。

上野：这 10.4% 的人是否集中在低收入阶层呢，您清楚吗？

水无田：目前还无法给出具有直接关联性的数据。不过收入越低，男女双方对结婚和恋爱的态度越消极，这是肯定的。从这一点出发或许可以得出一个推论，那就是：在收入和安定的雇用环境等社会资源方面所得配比越低的阶层，越是对需要很高心理成本去下决策的家庭相关行为（结婚或生育）持消极态度，最终甚至连看到这些都会感到沉重,于是他们便将这些选择从人生中直接划掉了……

上野:您的水无田论断正好证实了这一点呢。

结婚由我

结婚就会吃亏

水无田：或从比较大的范围来看，越是年轻人，经济方面越是无力供养妻子儿女。可话又说回来，高收入群体又为何如此积极地选择不婚呢？接下来我就准备采访一下这类人。其实我非常关注这个问题，希望能听您讲一讲您的想法。

上野：我这里其实还有另一个推论。在此之前我想先申明的是，这恐怕只是将"无法结婚"的状态，改口说成"不结婚"的某种修辞层面的自我保护行为吧。

社会学者山田昌弘先生曾经为那些在20世纪90年代走出校园后仍与父母住在一起、连最基本的生活都要依靠父母的未婚者起名"寄生单身者"，这一称谓也曾风靡一时。他得出了一个十分明确的研究结果——

"为什么不结婚？因为不论男女，只要结婚就会吃亏呀。"

这个"会吃亏"中的所谓"吃亏"，究其本质，男女之间还有不同。关于这一点，山田昌弘的解释仍旧十分简洁明了：**对女性来说，亏的是时间；对男性来说，亏的则是金钱。女性之所以感**

觉失去了时间，是因为她们的结婚观念是"家务和育儿的责任全都要自己扛"。男人之所以感觉失去了金钱，是因为他们的结婚观念是"是男人就要独自养活一家老小"。 所以，当时山田昌弘的结论是：维持着男人赚钱养家，女人做家庭主妇负责家务和育儿的"男主外女主内"这样一种保守结婚观念的男女，他们共同产生了不婚的倾向。

结婚由我

保守化、全职主妇意愿导致"晚嫁"人数的增加

水无田：反过来讲，20世纪80年代后期至20世纪90年代的生育，我认为可以说是偏保守性阶层的再生产。

上野：稍等一下。请问，"保守性"该如何衡量？若是通过衡量一个人的意识去判断的话，这一段时间的确有可能产生全职主妇意愿等变化，不过这种意愿是否可以被称作"保守性"，又另当别论了。加之，结婚率上升、已婚女性失业率上升等能够象征保守化倾向出现的指征也并没有出现。进入2000年，已婚女性的失业率的确略有升高，但我想这也并非由"保守性"造成，而是因为经济不振。所以，您所说的"保守性"究竟指什么呢？

水无田：指的是对旧有的、对性别分工持肯定态度的家庭观念亲和性较高的现象。的确，结婚率降低，已婚女性的就业率也在增加，这样乍看上去似乎意味着"女性进入社会"的脚步在前进着。但内情是，人们的家庭观念其实极度保守。这一结论是从"意愿调查"及"社会生活基础调查"中"女性的家务时间长度"上

第一章　不婚时代

观察得到的。对保守的性别分工持肯定态度的一派在增加，女性每日的平均家务时长也有增长倾向。所以，不论是从心理上，还是具体的时间划分上，都能得出判断——旧有的"优良家庭意愿"正在高涨。在过去三十年里，已婚女性的就业率都在上升，可即便如此，在家务方面，仍是由妻子承担总量中的85%。这一倾向丝毫没变。已婚女性平均每天要做五个小时以上的家务。不论已婚还是未婚，单从性别看，女性花在家务活上的时间平均是男性的五倍。

如此看来，就正如山田昌弘所说的那样，其实也有很多人隐隐感觉到了——**女性十分容易深陷"时间贫困"的状态中。不单是就业劳动时间，倘若再加上无偿劳动的话，女性每日的劳动时间平均要比男性长近一个小时，也比所有年龄层男性的睡眠时间都更短。**由此可以推断出，女性真可以说是"废寝忘食"地努力维持着保守的家庭形象。

不单是在家庭中，那些幼儿园、学校等教育现场，至今仍将"万一有什么情况，还是能为孩子掏空自己的家庭主妇最好"当作一个大前提。明明少子化已经导致儿童和监护人的数量双双下跌，母亲的就业率也已经在升高，可育儿现场仍是如此保守。倘若结合了这方面的情况再去选择生活方式的话，很多人就不得不主动去选择较为保守的生活方式了吧？实际上，我每次去参加孩子学

结婚由我

校的 PTA[①] 活动时，总有种深深的感触，觉得自己这个母亲当得远远不够好……

对已婚女性提出分工要求的婚姻形式，我称其为"家务与家庭责任完全一体型婚姻"。这是为了填补男性的"工作和团体成员完全一体型雇用"的空白，所以将护理工作[②]彻底扔给妻子的一种形式。已婚女性不得不遵从这一形式。想要维持这种组合，必须得是经济高度发展时期具备全职主妇意向的（我称之为）"昭和妻子"才能做到。不过，在现实情况下，所得薪水能保证妻子一生都维持全职主妇身份的男性变得稀少了，所以越是持保守结婚愿望的"昭和妻子"型女性，越是会呈现所谓"晚嫁"倾向。

上野：您刚才提到的那种类型，用国际通用的说法就是"男性作为主要收入主体的类型"。不过，我认为您所担心的这种保守化倾向似乎并没有那么严重，因为我是个基础决定论者。再怎么保守化，只要维持保守精神的基础解体，那这种保守化就无法实现了。

水无田：我正要讲到您说的这一点。我认为，就算下层基

---

① PTA：parent-teacher association 的简称，家长教师联合会。由在校学生家长与教师组成的民间团体，旨在通过学校同家庭的合作，提高教育效果，改善学生的教育环境。——译者注
② 护理工作：指家务和照顾、看护等家庭内部的日常工作。

础产生变化,但是上层建筑,也就是观念始终没有变化的时候,不幸的人就会增多。我对这种情况感到恐惧。关于女性这方面,即便出现保守化倾向,但只要令这种保守化成为可能的基础解体,这种保守化就不会实现,可是女性似乎并不愿意正视这个问题……她们看上去似乎转而拼命寻找起了赚得多的"好男人",想着只要自己能过上安稳生活就好……我最近有些想开了,让一些年轻女性改变结婚的梦想、希望甚至野心,这似乎是不可能的。

上野:我认为男性也是一样的。当支撑保守思想的基础转变时,人的意识和现实之间就会产生偏差。这种偏差可以说是令男性和女性双方都感到极度困窘的一种现象。

当基础产生了变化时,无论有多么强烈的保守意识,我认为数据上都不可能呈现结婚率或出生率的增长。在这一点上,我所关注的时间跨度似乎比您更长些,也显得更冷静些吧。

水无田:原来如此,所以您认为影响并没有那么大?

上野:因为基础的变化要比意识的变化产生的影响更大。无论意识多保守,只要基础没有追随上来,那么这种保守性就不会成为现实。如此一来,从结果来看,就正如20世纪90年代山田昌弘等人所预测的那样,越是持有保守结婚观念的男女就越容易选择不婚,对吧?

但是，我并不认为年轻女性持有全职主妇意愿是一种"保守化"。好比小仓千加子[1]提出的"新·全职主妇意愿"这个概念，它只不过是把"退出新自由主义下的竞争社会，选择经济方面更加受惠的一种生活愿望"换了个说法，改成性别用语而已。所以持有这种意愿，并不意味着这些女性结婚、生育之后也想将丈夫和孩子的利益放到优先地位去考虑。我想，年轻一代的女性中这种程度的意识转变应该还是有的吧？

如此想来，我对那 10.4% 的男性的分布就很在意了。那 8% 的女性又是怎样的一种分布状况呢？学历、经济阶层，还有是否与父母同住……

水无田：积极不婚派女性和积极不婚派男性之间，在理由上估计会有很大的差异。

上野：是的。我也这样想，男女之间应该是不对称的。

---

[1] 小仓千加子：日本心理学家，女性主义者，主攻女性学、心理学，著有《结婚的条件》《结婚的才能》等。——译者注

第一章　不婚时代

女性积极不婚是一种合理选择

水无田：从女性的角度来看，一旦结婚，会导致自己从属于男性的这层含义瞬间增强，所以我认为，对这一点持逆反心理、明确对其表示厌恶的女性增多了。

上野：结婚和从属还是应该区分一下比较好。对一部分女性来讲，即便结婚，她也并没有什么被从属感。反之，有一些女性并没有结婚，但却有被从属感。结婚愿望低下并不意味着恋爱愿望也低下。比如，有些女性很追求"壁咚①"象征的那种"我的女人"带来的被从属感，那种愿望的高涨程度令我惊叹。我想，这应该是开始拥有一定基础的女性在面对结婚时，选择性得到提高所带来的结果之一吧。

水无田："壁咚"哟……真没想到竟然有一天听到上野女士在

---

① 壁咚：指拍击墙壁时发出"咚"的声音之行为（此处"咚"为拟声词）。本书所指时常出现在少女漫画或动画以及日剧当中的动作——一方将另一方逼到墙角，并伸出手掌扶靠于墙面时"咚"的一声发出声响的动作。

结婚由我

分析"壁咚"。其实我在准备就女性的"萌①感"消费市场写篇论文的时候做过相关分析，刚开始的时候，我还以为"捏下巴""床咚②"什么的是相扑技巧呢。我的感觉是，这类现象的出现，意味着女性的被从属感逐渐发展成一些模式化的动作类型，从而变得有些讽刺意味在里面了。看到"我的女人"这种简单直白的类型就觉得好萌的女性，现在似乎越发多了呢。

少女漫画，或者在少女漫画中加入性描写的新类型 TL③ 等女性"萌文化"消费市场中，还会细致区分出将女主角当作"我的女人"的所谓"本大爷""主人"这些类型，看得出相关需求面是比较广的。其实我想不明白，为什么有些人会有意在娱乐休闲的世界里自掏腰包看男性逞威风呢？

上野：现实中越稀有，虚构中就越萌吧。如果是没有实力加分的"壁咚"男，看上去就只是个家暴狂或者跟踪狂而已。（笑）

水无田：之前我就在很多情况下被人问过这样一个问题：面对社会变化，应该怎么做才好呢？我往往都是回答说，男性赚钱的能力最终将在不断妥协下整体下降，而社会的变化就是从其中

---

① 萌：日本亚文化中的一个常见用词。主要用于动画、游戏、偶像产业中，指对角色、人物所怀抱的强烈爱意、热情、欲望等情绪。——译者注
② 床咚：引申于"壁咚"一词。只是将位置从墙壁换成地面，指一方将另一方扑倒在地。
③ TL：即 teens'love 的简称，意为少女情色漫画。——译者注

派生出来的问题。那么从这一角度来看,妥协的结果似乎是无法逆转的。关于这一点,我和您的想法一致,我也认为下层结构的变化是不可避免的。不过,下层结构的变化又是如何同特定的上层建筑相联系的呢?这二者之间的联系也很值得分析。

加之近些年来,日本的产业构成比例已经发生了巨大的变化:主要重用男性的制造业领域逐渐失速,如今第三产业雇用人数已经占据了全就业者人数的七成左右。其中医疗、福利领域的涨幅尤为巨大,而且它们还属于极大力度地活用女性就业者的雇用市场。形成这种局面,也就是出现所谓"男性就业萧条"的现象之后,再进一步说就是:越是年轻,男性的收入水平越低,这也导致已婚女性不去工作就很难维持家庭生计的情况出现。

因此,所谓"女性进入社会"的情况,其实是和"被迫走出家庭"的因素,以及"雇用环境的推动"因素相吻合的。然而,这种"女性进入社会"的情况出现的主要原因其实是"需要打工的中高龄女性"增加了,而不是那些在丸之内走路生风的"职场女强人"增加了……不过,"职场女强人"这个词大概也已经是废语了吧。

眼下,日本社会正在推进的是一种妥协性的男女平等。我称其为"保守型男女平等"。女性就业率上涨,是产业构成比例和生产年龄人口的减少等构造上的因素使然。无论如何都只能选择夫妻共同工作,所以此前那种以"家事一股脑扔给妻子的男性"为主流劳动者的做法逐渐不通用了。

所以我认为，应该在这方面设置一个缓冲（软着陆）地带才行。针对逐级妥协的情况，社会保障制度等也应做出改变，不该再以家庭为制定制度的前提，而应逐渐转向个人化。还有，为了实现软着陆，在文化战略方面，保守的家庭观念及性别规范也应该做出改变。不这样做，就会有很多人无力去应对社会构造的急速变化。当社会的反常状态急速扩大时，不幸的人便会增加。在形成这种后果前，应该推行相应的文化战略，旨在逐渐地刷新幸福感。

您刚才谈到，倘若下层结构发生了变化，那么上层建筑也会自然顺从时代的期许，产生变化。看来，您是支持硬着陆的一派喽？

上野：不，我也觉得还是不要硬着陆比较好。因为代价太大了。但我越是听您反复强调"保守化""保守化"，越是觉得软着陆的可能性不大。我在这方面比较悲观，我认为人在意识方面没有产生什么变化，可是基础却已经崩塌到这种程度的话，二者之间产生的碰撞摩擦必然会导致硬着陆。

听了您刚才所说的，我觉得比较有意思的一点是，产业构造发生改变，雇用制度崩塌，就连男性雇员也有超两成属于非正规雇用。这么看的话，假设属于正规雇用者的男性全结婚了，也不满八成啊。所以，女性这边有两成的失业人数也是理所当然的。

第一章　不婚时代

水无田：不过，在现实生活的场景中，传统的、按性别区分行业的做法恐怕并没有变化。比如在育儿方面，我也会参与近邻的幼儿志愿者活动。大家真的大多倾向于以全职主妇为前提去讲事情。举个例子，如果是父亲去幼儿园接孩子的话，园方就会说：**"啊，是孩子爸爸啊，呃，那还是等孩子妈妈来了之后再说吧，我们有些事要和妈妈沟通一下。"**类似这种感觉，非常强烈……育儿现场这种排斥男性参与的习惯，也必须改一改了。

上野：如今的全职主妇全职育儿时，会缩短育儿时长，更早地回归职场。接受托管儿童的年龄也在降低，这些变化的趋势都是很明确的。

水无田：虽然有这种趋势，**不过全职主妇回归职场之后是否还能得到和之前相同水准的职位？又或者，育儿假结束之后回归职场的全职主妇还能升职、加薪吗……**

上野：这些从过去起就是比较严峻的问题，它们也是造成女性非正规雇用率直指六成的一大原因。这么一来，自然会有一些女性认为这样的付出和所得不成正比。或许，这就是确信单身的女性高达 8% 的原因吧。

水无田：这样的选择也是合理的。

上野：不过，这样一来，男性是"被迫单身"，女性是"选择单身"，二者之间或许会产生扭曲。

对高收入阶层的男性来说，家庭即是风险

水无田：正中要害，如果其中包含不是"迫不得已"，而是有意去选择不婚的高收入阶层的男性，那他们的占比又是多少呢？眼下我也很关注这方面的问题。

上野：20 世纪 70 年代，日本是除瑞典之外最高和最低薪金差最小的中流社会，位列全球第二。仅仅三十年，高低差竟然扩大得如此显著，日本已经越发地美国化了。

在不同经济阶层的男性的结婚率数据中，年收入和结婚率之间是有极强关联性的。不过，年收入超过一千万日元的阶层中，也有 5% 左右的不婚者。这些人究竟是出于什么理由选择不婚的，不去调查一下肯定是无法明确给出答案的。不过，考虑到还有生活满足度这个数值，那么年收入和满足度一般是成正比的。不过我们发现，当年收入超过一千万日元时，人的生活满足度会略有下降。满足度低下的比例，要比同一阶层的不婚率高，也就是说，其中有些人虽然是已婚者，但却感到不满足。那么对这些人来说，

第一章 不婚时代

婚姻生活究竟是什么呢？

比如，对那些高收入的金融系的男性来说，家庭就是一种纯粹的支出。还有些人是满世界跑的"空中飞人①"，倘若这些人的妻子，不再是传统的那种以丈夫的不参与为前提、默默养育子女或肩负起家庭看护任务的人，也就是说，她是一个要求丈夫也承担起家务和育儿工作的妻子的话，那对这个男人来说，婚姻就是一种成本。不过话又说回来，倘若有那么高的收入，其实家务和育儿方面是可以用钱去雇人解决的。外国的一些案例就是这样的。

水无田：原来如此。

上野：不论男人还是女人，对高水准的劳动者来说，家庭都是成本。既是成本，也是风险，我想这种倾向已经很明显了。

水无田：维持家庭的成本很高，所以不结婚。有些高收入阶层的人可能的确是这样想的。

上野：是的。而且这样想的人应该还不少吧，您不这么认为吗？

水无田：**也有人就此讨论起了二战后一以贯之的薪酬差距的扩大化。因为这样会使低收入阶层因经济原因无法拥有家庭，高**

---

① 空中飞人：指那些有私人飞机或乘坐头等舱全球旅行的人。

结婚由我

不同经济阶层男性的结婚率数据

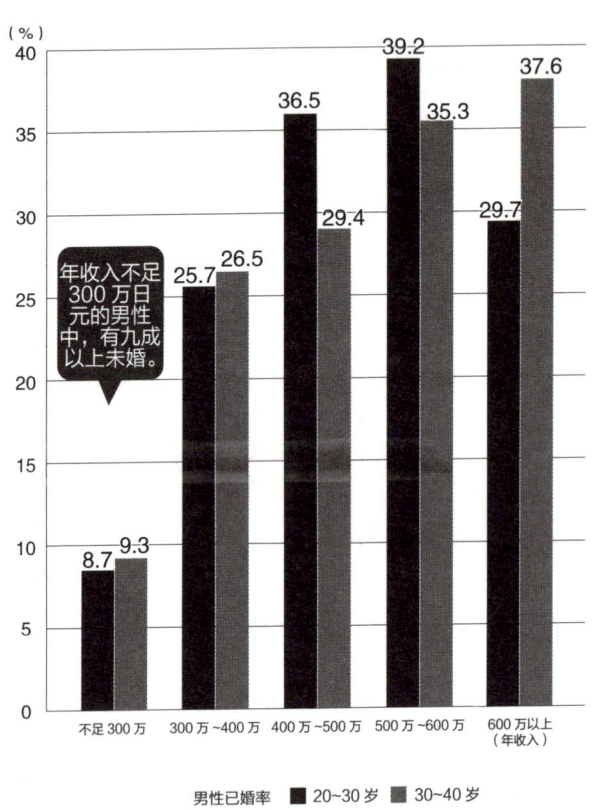

（%）

年收入	20~30岁	30~40岁
不足300万	8.7	9.3
300万~400万	25.7	26.5
400万~500万	36.5	29.4
500万~600万	39.2	35.3
600万以上	29.7	37.6

> 年收入不足300万日元的男性中，有九成以上未婚。

男性已婚率 ■ 20~30岁 ■ 30~40岁

数据来源：内阁府

第一章　不婚时代

收入阶层则随着竞争的激烈化,对成本更为严苛,这样或许也会使他们失去组建家庭的动机吧。

上野:托马斯·皮凯蒂①在他的《21世纪资本论》中论述了薪酬差距问题。我们应该用皮凯蒂式的数据来切实地分析这一问题才行。

收入差距最小的时代是20世纪70年代。那一时期的学历间收入差距和企业间收入差距都是最小的。虽然生涯收入是有差距的,但是在初薪方面,当时大学毕业生和高中毕业生之间的差距是非常非常小的。

20世纪60年代到70年代这段时期非常有意思,我本人是实际经历了这段时期的,所以可以作为一个见证者和你聊聊当时的情况。在那个时代,在工厂上班的劳动者是会在自己职业一栏上写"公司职员"几个字的。那之后,到了20世纪80年代,收入的差距开始加速扩大,到了20世纪90年代,差距已经非常大了。

比如,日产汽车的老板卡洛斯·戈恩和一般员工的薪水差距,要是放在20世纪70年代的日本,那简直闻所未闻。因为在那个时代,一般职员和老板之间的薪酬差大概是三倍吧。然而,当时

---

① 托马斯·皮凯蒂:法国经济学家,任职于社会科学高等学院及巴黎经济学院,主要研究收入与贫富不均,著有畅销书《21世纪资本论》等。——译者注

的美国却和日本大不相同，美国奉行业绩主义，所以由资格和学历造成的差距是要比日本更大的。初薪也不存在什么平均化的倾向。如果拥有MBA（工商管理硕士）的资格，初薪一起步就是同代人的四倍，类似这样的吧。如此看来，日本实在称不上是奉行业绩主义的社会。

水无田：日本是统一校招录用应届毕业生的嘛。年龄阶层也就能直接反映在资历薪酬上了。这种形态可以说是相当与世隔绝。

上野：的确是相当与世隔绝了。实际上，人们都说这种所谓日本型经营系统其实是源自20世纪20年代的美国。

水无田：包括一些地域共同体的问题，也全是以20世纪20年代的美国为蓝本的。

上野：是啊，因为这些制度在高度成长时期让人们体验到了成功，于是演变成了一种惯性……

第一章 不婚时代

高度成长时期
是日本人生活的巨大转折点

水无田：真的有非常多的人将这种成功体验当作一种扎根于社会中的传统文化。

上野：这种人确实很多。而那种"传统"的根系明明很浅，也就只是距离现在没有很远的过去出现的东西而已。

水无田：**有很多人嘴上说着，女人自古以来就是一心扑在家务和育儿上的。但这原本是职住分离型**①**的工作方式逐渐渗透之后才产生的概念**。传统社会中第一产业的从业者人数众多的时代就与这种概念不相符。在明治维新时期，日本可是有近九成人从事农业和渔业的啊。

上野：岂止是明治维新时期，一直到高度成长时期之前，也就是20世纪50年代的时候，日本也还是个农业国家。20世纪

---

① 职住分离型：指职场和住处之间有一定距离，日常需要在两者之间通勤的情况。——译者注

60年代卷起了"生活革命①"浪潮，那一时期前后的生活方式变化最为激烈。您刚才提到了产业结构，直到20世纪50年代，第一产业的从业者仍占三成，不仅如此，倘若把兼职做农活的也算进去的话，农业家庭比例甚至超过了五成。

以我出生的团块世代为准轴去想想看，我和父母过的是同一种生活吗？完全不是。**我和我的父母过着完全不同的生活，我的人生，我的父母根本不了解。明明如此，可是我的父母却总是先入为主地认为生活从未变过。**我想，团块世代的人做了父母之后也必须明白，自己的孩子不见得能和自己过上相同的生活。

水无田：您这一代人的母亲们，从产业构成比来看，应该大多属于已婚者中的"农家妻子形态"吧。那之后，这一类别发生巨变，成了"公司职员妻子形态"。我将这种变化称为"已婚女性的工作转变②"，她们的所属对象，或者说她们的生活方式发生了极大变化。农家妻子是需要付出重劳动的，而且要做家务、育儿，搞不好还要付出看护劳动。但是她们不需要像现在的全职主妇那样，对家务和育儿要求得那么细致严苛。像育儿这方面，大多会

---

① 生活革命：指人口从农村型自营业者大规模地向都市型雇用者的生活方式进行转变的人口学变化。

② 已婚女性的工作转变：在某模拟实验RPG（角色扮演类游戏）中，根据累积经验值的变化，变更扮演"角色"者的"工作"。此处用来形容自二战前至二战后日本已婚女性"角色"的巨大变化。

托付给不再干农活的老年人或者年长一些的子女来做。也就是说，家务、育儿这方面并不会完全交给妻子一个人去做。

上野：农家家庭是没有"全职主妇"的，而是"全家总动员"类型的。

水无田：总动员！没错，就是一家人是一个共同体，一起劳动。现在明明是从那时候过来的，但很多人却觉得女人一心扑在家务和育儿上是一种自古有之的传统。就只过去一代而已，人们就像简·雅各布斯[1]所说的那样——"集体失忆"了。

上野：的确如此，才刚刚过去四年，"3·11"日本地震就已经被遗忘了，实在太快了。

---

[1] 简·雅各布斯：美国著名城市规划师、作家，著有《集体失忆的黑暗年代》等。——译者注

结婚由我

累计结婚率的推移

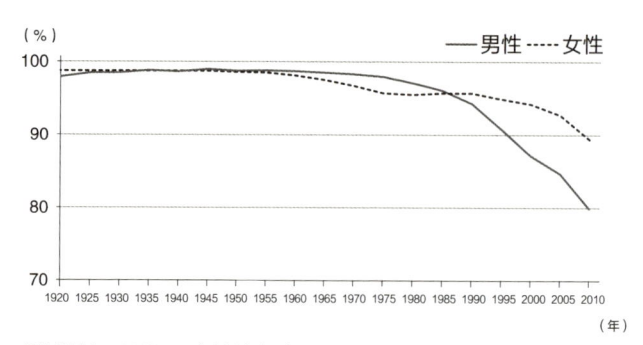

——男性　-----女性

累计结婚率＝100%－一生未婚率（%）
一生未婚率，是按五十岁这一节点仍未结婚者推算的比例

数据出处：总务省统计局国税调查

结婚数及结婚率的年次推移

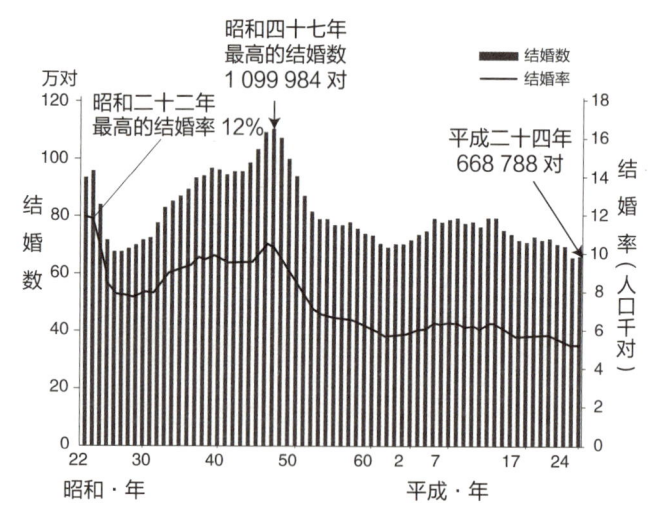

昭和四十七年
最高的结婚数
1 099 984 对

昭和二十二年
最高的结婚率 12%

平成二十四年
668 788 对

■ 结婚数
— 结婚率

数据出处：厚生劳动省（人口动态调查）

● 结婚率是按当年人口千对中有多少对的结婚数计算的，结婚率和结婚件数同时受适龄期男女人口动态的影响。累计结婚率是一生曾至少有过一次结婚经历的男女比例。在此表格中，按100%减去一生未婚率（五十岁这一节点时仍未结婚者的比例）计算得出。

第一章 不婚时代

产业的工业化提高了结婚率

水无田：回到我们刚才讨论的薪酬差距问题，社会学者、芝加哥大学的山口一男教授曾指出：在日本，若将高中毕业的男性和大学毕业的女性做比较，那么高中毕业的男性更容易晋升并做到管理层。倘若一种与生俱来的性别属性，竟然能如此影响后天所获得的社会地位，我想这社会也和封建社会没区别了。反过来讲，由于男性在社会地位方面具备有利条件，所以在高度成长时期的日本，男性高中毕业生和工厂劳动者才有可能轻松备齐私家车和自家住宅，而且供养得了全职主妇。

上野：20世纪50年代至60年代的结婚率是上升的。累计结婚率在20世纪60年代后期达到巅峰。当时男性的累计结婚率差不多达到了97%，女性的是98%。这个数值算是达到日本最高纪录了，从那之后就出现了下降。我将这种现象称为"瞬时最大风速"。当时是"全民结婚社会"，或简称"皆婚社会"，属于非常异常的"热衷结婚"时代。

水无田："瞬时风速结婚率"……的确，日本当时的高结婚率属于发达国家中极为异常的存在。

上野：结婚率上升的原因，正是您刚才讲到的工业化。因为工业化，从农家家庭脱离出来的二儿子、三儿子才能自立门户，这就促使了结婚率的上升。同一时代的出生率始终维持低下对吧？明明出生率低下，可孩子的出生数量却增加了，这也是结婚率上升的缘故吧？

水无田：您说得对。一家的二儿子、三儿子无法分得父母的财产，因为工业化的出现，他们也能从事稳定的工作，"获取"女性。这种国民生活的平均化，或者说，为了能让所有男性都能平等结婚而出现的"皆婚社会"，就出现于高度成长时期。

第一章 不婚时代

全民结婚时代才是异常的时代

上野：没错。落合惠美子女士称其为"再生产平等主义",说得再直白点,其实就是男人之间能够平等分配到女性了。在此之前,二儿子、三儿子被称为"住一室①"。他们是无法自立门户的。当长子死亡时,这些人会按顺序顶替上去,可以说是一种后备军吧。

水无田：简单来说,就是长子的预备军喽。

上野：没错,其实就是候补。在《东北的神武们》中也有关于这一点的传神描述。这样的男人无法拥有女性,可以有性行为,但却无法结婚。类似这一类人的人数,因为没有做过统计,所以相关数据掌握得不是很明确。但他们基本稳定地占据着同年龄人口的两成。这就是日本前现代时期的社会状况。

水无田：嗯,可能不同地域之间会有一定差别,但您说得的

---

① 住一室：指江户时期无法继承家业的家中次子以及更小的儿子,他们无法自立门户,只能一生生活在户主的家中。

确没错。江户时期还有四五个人一起"包游女"的做法。一个人包一个游女太贵了,所以好几个男人分享一个游女,算是"共享游女"吧。

上野:不过,这个做法应该是在货币经济比较发达的都市区域才会有的吧?

水无田:是啊,是江户时代的都市。

上野:乡下会有比较成熟的"私通①"形式——有性行为,但却做不了父母。

水无田:顺便问一下,在这种形式下,因"私通"不慎生下小孩的话,这个孩子会如何呢?

上野:因为婚姻制度还是很完备的。按规矩,妻子生下的孩子,就归属丈夫的集团中。所以不会追究孩子究竟是谁的种。

水无田:这样的形态,又是如何同明治维新后所谓传统的家长制联系起来的呢?

上野:家长制是在明治民法中得到强化的。比如,没有家长的许可,家庭成员不能擅自结婚以及提升处女的价值等等。在《私通的民俗学·私通性爱论》中,民俗学者赤松启介同我讲述了很多相关的细节,听说他还被称作"私通子"。

---

① 私通:指已成人的年轻男女在婚前遵循共同体的规制,维持自由性交的习惯。这一习惯一直持续到了日本明治时期。

水无田："私通子"，这说法很有意思呀。

上野：赤松先生的田野考察以播州（日本古代国名，在今兵库县西南部）、冈山一带为主。所以在该书中，他会讲解到一些自己在那一地区的见闻。比如，大家会一边逗孩子，一边说："这小孩长得和我们一点不像呢。"共同体可以将这个孩子认作他们的一分子，就算家长也无权否认这一点。

水无田：原来如此。传统社会的婚姻，就是类似"家庭"组织互相 M&A（合并与收购）的行为啊。

上野：没错。这种 M&A 的顶点只需一个人就足够了。就算候补众多，但这些候补者也都不见得能够自立家庭。

水无田：如此一来，显然，把一夫一妻制的异性恋者们如今的结婚制度说得仿佛一千年前就存在了一样，这种说法会推广开来也的确有些奇怪。

上野：20 世纪 70 年代的近代家族论自欧洲传入，因为在欧洲没有这种情况，所以算是产生了"神话的崩塌"吧。学界产生的范式转移，在普通世界或许并不会发生。

水无田：的确，完全没有发生。要填补其中落差还是很不容易的，毕竟发展阶段完全不符。

上野：嗯嗯。您刚刚提到了"集体健忘症"，其实追溯到一百年前，重婚行为十分常见，就算没生出小孩，正妻的地位也不会动摇，没有孩子就从别处领养一个就好了。

水无田：强调血缘以及嫡系子女，也是在明治以后才有的，对吗？

上野：的确是有这样的说法。一家之中非本家血缘者和旁系亲族会遭到排挤。从基础来看，这也是工业化的汹涌浪潮所致。

水无田：是呀。产业构成比明明已经发生了翻天覆地的变化，然而在讨论家庭的时候却无法总括性地去讲，而是净讲一些感性的东西……

上野：考虑到 1 世纪或 2 世纪的历史性时间跨度，如今正在发生的不婚化，其实并没什么特殊，是非常普通的情况，对吧？在前现代社会中，人口的两成都是不婚的男女。如果说这种情况是理所当然的，那出现"全民结婚社会"的时代反倒属于异常时代了。全民结婚时代在历史上只是暂时性的，可以说，应该不会再度出现了吧。

第一章 不婚时代

一生无法结婚的女大学生的不安

水无田：我曾经在课上讲到这一点，于是把我班上的女生说哭了。

上野：为什么要哭啊？你竟然还会教那么淳朴天真的女学生呢？

水无田：她们很不安，担心"自己会不会一辈子都结不了婚啊，这该怎么办呢？"一类的。尤其是女学生，会格外不安。也是因为信息化前进得太快吧，总之她们就是不想重蹈失败的覆辙。从某种意义上讲，信息社会下的那些不幸，在年轻人中可算是道听途说，而且非常多。所以那些心怀不安的女学生，会一门心思地想"不论如何我都得结婚"。

上野：要是道听途说的多，那理论上应该能听闻多种多样的信息才对呀。但您刚才讲的这个，**听上去就仿佛年轻人在向着某个标准规格统一发展，一些人是在害怕自己不符合这个统一规格，不是吗？**

结婚由我

水无田：因为不想听到那些失败的实际案例，或者说，净是在收集一些令自己感到不安的素材吧。这还真是个挺不可思议的现象。的确，信息化已经发展到如今这个地步了，我们差不多也该认同婚姻的多样性了，我在课上是想表达这一点的，但不知为何，学生们似乎听不进去。

上野：如今大学生的人数也是多得很，您这些学生在大学生中大概是什么排名呢？

水无田：她们应该处于中坚位置。

上野：这些女生是把结婚当成一种保障生活财产的方式吗？还是说，她们觉得自己结不了婚的话，就活不下去？

水无田：哭鼻子女生就读的还是比较不错的大学。说来，她们追求的应该是高于基本生活保障的，更能达成自我认可的婚姻。我也看过学生们写的课后反馈书，这些中坚阶层的女大学生虽然不算是顶尖的，但也只是比一流稍逊一点而已。她们的不安倾向似乎很严重，并且会在职业和家庭之间选择家庭。如果是更往上一层的、高偏差值[①]的大学生，则会表示希望能被家庭友好型的公司内定；还表示，因为不希望自己的生活水平下降，所以会努力去寻找结婚对象。

[①] 偏差值：表示个人学力等结果与集体平均值之间差距程度的数值。——译者注

上野：看来是对自己赚钱的能力没有自信喽。那么那些哭鼻子的女生,她们父母的经济能力怎么样呢?

水无田：说起来,应该还是不错的吧。

上野：可是,她们却对自己未来赚钱的能力没什么期待?

水无田：也会有学生表示希望能得到优秀公司的内定,可即便如此,还是会不安,我想这也涉及一个自我认可的问题吧。这个层次的学生虽然学习成绩还算不错,但是并没有能够在职场上大展拳脚的自信。为了消除这种不安,所以想通过婚姻获得认同。嗯,这么一想,对并没有出类拔萃愿望的年轻女性来说,日本的社会环境似乎无法让她们有稳定的自我认可和自信吧。这一问题可以说是相当严峻了。

结婚由我

女性想做全职主妇的
愿望为何会增强？

上野：20 世纪 80 年代以后，以正式员工身份入职黑心企业的状况开始加剧，我想，无论男女，对劳动都会有种忌讳和恐惧心理。他们会觉得，如果可以的话，最好能不工作。

水无田：记者白河桃子所著的《想要成为全职主妇的女人们》一书中也提到了这一点。**有不少女学生想要做全职主妇，并不是因为她们擅长做家务，而是虽然没做过家务，但就是喜欢做家务。再一问，会发现她们其实也不是喜欢做家务，而是喜欢家。**

上野：在这一点上，现在男女之间的差距正在缩小。我想，这恐怕是因为大家对竞争社会的忌讳和恐惧心理在增强。

水无田：的确是有这种倾向的。

上野：对女孩子来说，结婚可以被当成一个退出劳动市场的借口。她们可以用"爱做家务""想结婚"一类的性别用语来粉饰这一愿望。但是男性就没法用这种方法，所以就只能是"家里蹲"（蛰居），或者变得愤世嫉俗。

水无田：我完全赞同。读过我课上的反馈书后,我发现女生在求职期间的全职主妇愿望会出现猛增的情况。

上野：这也算是忌讳劳动的一种委婉的表达了。

水无田：嗯,委婉,没错,是这种感觉。

上野：我是这么想的。这种委婉的表达可以被女性使用,但是男性没法使用。

水无田：于是,一些男性会对那些在"帮忙做家务"方面得到认可的女性心怀嫉妒。

上野：既有怨嗟,又有羡慕吧。真好啊,你们这帮人,还可以把"家里蹲"说成"帮忙做家务"。

结婚由我

未被阉割的
儿子和女儿

上野：刚才提到结婚带来的想要被认可的愿望，如今的女孩子是形成了一种只有被男性选中，才能证明自己的社会性存在的自我认同吗？

水无田：比如说，就算男朋友司法考试没及格，需要再考，这种情况下女生还是会去养他。或者，对那种爱追梦的男人，她们也会努力去支持，会说"即便如此，我还是想结婚"一类的话。所以，对这种女性来说，结婚并不算什么生活保障。

上野：您刚才这番话倒是也有另一种解释。从"赠予的经济学"来看，她们之所以那样做，或许是因为对自己的投资有可能打水漂而心怀不安与恐惧。如今司法考试最多可以考三次，对吧？倘若男朋友司法考试屡屡失利，那这个女生会怎么做呢？会再换个男人吗？"我就是想做律师的妻子"——她应该是对这样的未来有期许的吧？

水无田：是呀。那个和司法考试失利的人交往的女生，后来又改同另一个公务员考试落榜的男人交往了。至于她为什么总是和考不上的男人交往，那是因为她觉得一个普通的精英社员是不可能会爱上自己这种人的。不过她这个例子的确稍微有些特殊了。

上野：我倒觉得并不特殊。让自己始终处在一个不确定的状态中，这是为了同时维持较低的自我评价和幼儿的那种"万能"的感觉。在这一方面，可以说男性、女性都变得幼儿化了。这也是斋藤环的一句名言——他们尚未被"阉割"。**明明什么都还没做成，但就是觉得自己只要动真格的就一定能做到——这些人始终没能从这种幼儿的"万能感"中走出来。他们应该是无法觉察到这种分歧的，于是就这么始终维持着现状。**不论是考不上公务员还是考不过司法考试，都是这种情况。

水无田：的确。过去也存在对考试屡屡失败者无法包容的社会问题，当然，他们本人的自我意识问题也是存在的。

上野：他们始终保持着幼儿一般的"万能感"，但现实却与这种感觉并不相符。即便如此，有一些父母却允许这种心态存在。

水无田：我此前也提到过，女性这边有"转职综合征①"一类的情况，或者说是"青鸟综合征②"。男性的话，就是那种总认为

---

① 转职综合征：指为追求天职而反复跳槽的女性。
② 青鸟综合征：指那些为追求理想不断更换工作、学业、恋人，没有忍耐力的年轻人。由精神科医生清水将之提出。

"我才没有这么简单"的男人。

上野：这类人,我在东京大学的学生里见得很多。他们明明什么都没做成,但却坚定地认为自己"只要动真格的就一定能做到"。

水无田：就是"我还没拿出真本事呢"综合征喽。

上野：这种倾向原本就是男性会强一些。不过现在女性也逐渐追上来了。他们就是所谓"未被阉割的儿子和女儿们"。女性从出生之时起应该就已被阉割了,可现在却渐渐变得不再如此。

水无田：最近不论男性还是女性都是"王子"了。

上野：没错。我将其称为"长着女性面孔的儿子"。这是少子化导致的结果。

水无田：被当作男孩子养大的女性,在求职和工作时一旦碰壁,就会突然一窝蜂地患上能否被男性选中的所谓"公主综合征",然后跑去婚恋市场和一开始就在等着王子降临的阶层争抢,陷入一片血海……

上野：而且这个所谓"是否被男性选中",也仅限于她们认可的男性,对吧?并不是说随便哪个男人都可以的吧?她们的自我评价是"我和这样的男人很合适"。

水无田：原来如此,的确是这样。需要得到"退去王子身份的我"的认可才行……

第一章　不婚时代

上野：男女之间的差别正在缩小，这似乎很令人头疼啊。

水无田：似乎很头疼，是吗？

上野：就是说，这些女孩子开始趋近那些未被阉割的儿子了。用弗洛伊德式的说法讲，**女孩子原是因为"将阴茎忘在了妈妈肚子里"，所以一出生就被阉割了，于是她们才会从儿时起就总是被人用"因为是女孩子""明明是女孩子"等说法打压意欲，我们称其为一种"阉割"。**

水无田：过去的女性没能拥有比较像样的尊严感，所以一切尚未有什么波澜。然而当下女性多少有了点尊严感，结果这么一点尊严感都要失去了，可以这么解释吗？

上野：我想是可以这样说的。这些女孩子是不会去选择那些和自己的尊严感不相称的男性的。所以说，那个男人在准备司法考试、准备公务员考试的一段时间里是有价值的，可一旦成了失败者、残次品的话……

水无田：啊，对呀。那个女生也是这样。因为过去了好几年她的男友都没考上，所以就替换成了下一个没考上的男朋友。我现在明白了，为什么她总是挑考不上的人当男友。

上野：所以我说，她是在出资购买男人的未来。

水无田：原来如此，购买未来。

上野：不是购买一个男人的现在，而是买他的未来。就和高度成长时期的女性打着"恋爱"的幌子，购买"男人的未来性"一样。

水无田：那反过来讲，倘若是一个优秀的商务男士主动追求她……

上野：那她肯定就立马跟人家跑了吧。

第一章　不婚时代

对妻子的偏好条件出现了改变

上野：和那种会供养司法考试落榜者的女人相反，愿意投资女性的男人非常稀少。如今参加司法考试的女性人数增多了，可支持她们的并不是男性，而是她们的亲人，并且是母亲。

人们在选择配偶的条件方面也产生了若干变化。比如，男性对妻子的偏好变得欧美化了。也就是说，在精英男性的择偶条件中出现了对妻子赚钱能力的要求。研究比较福利制度的专家考斯塔·艾斯平－安德森在《平等与高效的福利革命》中"未完成的革命"一章中曾提到，单身者之间的差距在他们有了伴侣后会成倍拉大。所以，两个有钱的人结婚后，会和一对穷人夫妻拉开一个巨大的差距。

不是有一个"道格拉斯法则①"吗？人们常说，日本女性之谜就在于，她们越是学历高，其中全职主妇的比例就越高。其实这

---

① 道格拉斯法则：有泽法则，由美国经济学者道格拉斯提出，并由日本的有泽广巳证实的法则，即丈夫收入较高的家庭，妻子的劳动率会降低。

并不是什么谜，而是因为丈夫的赚钱能力高，妻子就不用工作，现实情况就是如此。这种状态一直到 20 世纪 90 年代为止还是合适的，但进入 21 世纪之后就开始产生变化了。也就是说，在经济五大阶层的第五分位中，妻子的从业率上升了。这是因为赚钱能力很高的专业女性和专业男性结为夫妻了。

水无田：男女双方都是高收入的所谓"高能力夫妻"增加了啊……如今夫妻之间的差距在扩大，所以人们会倾向于和同类结婚。比如说，职业是医生的已婚女性，其配偶有七成是男医生。

上野：男性的择偶偏好从"可以守住家庭的女性"逐渐变成了"很能赚钱的女性"。

水无田：越是高收入阶层，这种情况越突出。

上野：这一现象，欧洲其实比日本早了二十年。在欧洲，男性对妻子的选择条件已经变了。而在日本，时至今日择偶条件中还会出现对容貌和性格一类的要求。不过这些条件最近也逐渐变成了学历和赚钱的能力，这种变化此后也将持续下去吧。但这绝不意味着丈夫想要投资妻子的才能。而是本就属于较高经济阶层的双亲投资出来的女儿，选择了同样处于较高经济阶层的男性而已。

第一章 不婚时代

一般家庭也有帮佣的时代

水无田：我和记者治部莲华曾共同出席一个谈话节目，她采访过夫妻共同工作的美国家庭。她称，**美国的夫妻认为如果妻子的年收入比较高，那由丈夫来专注于家务和育儿就比较合理。美国丈夫会非常干脆地选择辞职或暂退，然后在下次工作机会来临之前，就一边靠妻子赚钱养着，一边等待机会。他们会将这段时间花在提高个人的技术水平上。在美国，选择这种新型生活方式的男性并不少见。**

上野：不过，从统计学的角度来说，选择这种方式的还是少数派哟。因为如果有一定经济能力的话，家务、育儿的这部分就能外包出去了。而同是精英人士的男女找同类结婚，男女双方的机会成本①都会很高。

---

① 机会成本：择机成本。对物资、资金、劳务或生产能力的利用，因选择一种方案，而放弃的另一种可行方案所可能获得的最大收益。即选择前一方案的代价。——译者注

水无田：在日本，就不单是做家务的时间长这么简单了。日本是家庭责任和家务、育儿等护理工作完全一体型社会。以前您提到过，全职主妇的时间就是待机时间。我很赞同您的说法。不过，有些男性的工作方式就是以此为前提的。在育儿方面也是一样。做一个不论发生任何事，一通电话就能召唤过来的全职主妇，这在家中小孩就学之前似乎是理所应当的。

上野：在日本，就没有家庭帮佣这么一个选项呢。

水无田：眼下似乎也开始引进菲佣了。

上野：我虽然不清楚日本究竟下了多大决心去引进菲佣，但是雇了菲佣之后也是问题多多，不是吗？而对那些能够雇用到菲律宾女佣或保姆的新加坡以及中国香港地区的精英女性来说，这个职业家庭两立的问题可能一开始就不是问题。

水无田：不论是家庭支援中心还是育婴师，让外人进家门——更别提是让外国人进家门，这件事在日本还是有很强的忌讳感的。

上野：不过，我认为这种忌讳感是暂时性的。因为在二战前的中产阶级家庭里，雇用帮佣是非常常见的。大正时代的公司职员住的是那种中廊下式的房子，整个房子的面积顶多也就六十平方米。即便如此，玄关一侧还是有三张榻榻米①大小的空间是留给"女佣"用的。我生于昭和二十三年，在我小时候，家里也是住着帮佣的。

水无田：没错。一直到二战后不久为止，家里有"女佣、男仆"还是很常见的。您和我的母亲应该是同代人，我母亲小时候，老家也有帮忙的姐姐和阿婆。虽然她家是农户。

上野：是吧？也就是说，一家之中有一个外人，这是很平常的事。

水无田：我母亲总说，因为带她的那个婆婆五音不全，她从小听着婆婆唱跑调的摇篮曲，结果她也变得五音不全了。母亲的祖父当年是村长，他们家家宅广阔，光靠家里人是做不过来家务的，所以还会请一些女性帮佣，家里非常热闹。

上野：那种家庭的话，应该是会有帮佣的。据说松任谷由实女士的老家也有。一直到20世纪50年代，人们对这些人的称谓还不是帮佣，而是女仆。

---

① 榻榻米：日本式房屋中在地板上铺设的长方形草席。——译者注

结婚由我

保守的婚姻观念是导致不婚化的原因？

上野：我并不认为最近年轻男女的婚姻观念变得更保守了。大家只是一直维持着同一种婚姻观念而已，产生改变的是社会，而不是人。

水无田：维持，是吗？

上野：没错。大约二十年前开始就有社会学者基于相关调查数据得出结论：长期维持着保守的婚姻观念才是不婚化的原因。眼下的这种结果只是符合预期而已。既然如此，只要改变婚姻观念，选择结婚的男女人数就能增加吗？您怎么看？

水无田：在改变婚姻观念之前，日本人在言语上似乎是不会改变的。毕竟很多人都是被迫妥协的，所以在讨论一些"常识"问题之前，他们早已做出了选择。不过一旦掌握了新观念，日本人又变得很快。这个民族说好听点是很会随机应变，说难听点就是轻薄，我看真是罕见。而改变之后，日本人又会把改变前的一切都忘光，还会擅自把一些刚刚学到的东西当成"传统"。

第一章　不婚时代

上野：我赞同您的说法。

我们从人口学的宏观趋势来看看吧。自20世纪70年代起，各先进工业国家无一例外都开展了性解放运动。这也使得离婚率和婚外出生率都上升了。婚外出生率上升的一大原因，是事实婚姻，即同居情况增多。其实从数据上可以看出，各国在登记婚姻方面一致出现晚婚化倾向。相对地，事实婚姻开始的年龄从长期趋势上看并无变化。而在这些事实婚姻中诞生的孩子，则拉高了婚外出生率。

外国的人口学者总是用一副极度不可思议的表情问我：在日本，登记婚姻和同居的开始时间竟然是一致的，为什么会发生这种事？他们还会问：性生活也涉及住宅问题，如果是因为同居和登记婚姻开始的时间一致导致了晚婚化，那么在性方面最为活跃的年龄，这些人究竟要去哪儿解决性需求呢？

水无田：原来如此。这就要谈到法国哲学家米歇尔·福柯盛赞的"爱情旅馆"系统了。

上野：没错。所以我回答他们说，性生活可以在家庭之外用外包方式解决。为"外包"存在的、所谓"爱情旅馆"这样一种出色的都市基础，在日本可以说是非常完备的。

水无田：似乎还有那种不用登记姓名，就是用来亲热的酒店。福柯似乎对日本误会很深，回去的时候还赞不绝口。

上野：不，我想他可能并没有误会。

水无田：您前面提到了住宅问题，的确，倘若家里比较狭小，那么一对夫妻似乎也会去爱情旅馆，他们会趁孩子睡了再去。

上野：如果是单身，那男女双方和自己的父母同居的概率很高，所以想带异性回家的难度就会很大。

为何日本的同居、事实婚姻人数没有增多？

水无田：性生活涉及住宅问题，这一点非常有趣。还有一点，在日本，如果没有登记结婚，就等于未婚（单身）。而且宏观数据也基本与这个等式相符。另外，在欧美，就算没有登记结婚，也是有伴侣存在的。而婚外出生，也就是在以登记婚姻结成伴侣的情况之外出生的孩子，在北欧及法国已经超过总数的一半了。这也成为提高出生率的一大原因，不过在日本……

上野：在日本，登记婚姻和男女开始同居的时间是一致的，对吧？

水无田：没错。同居开始和法定的婚姻关系连接在一起，二者必须处于同一时期。

上野：自20世纪70年代性解放开始，这四十年间各发达国家已经发生了极大变化。其实一直到20世纪70年代为止，各先进工业国家的性意识无一例外都十分保守，美国也一样。有一个很出名的词，是用来形容美国当时的性意识有多保守的，就是

结婚由我

"性爱抚",属于一种比较特殊的性技巧。这个词如今也是废语了吧?

因为产生了"婚前要保持处女身"的规范意识,所以才会有这种特殊的性技巧。而如今这个词已经消亡,成了废语。相应地,婚前性行为已经是一种理所当然的事了。事实婚姻也如惊涛骇浪一般猛烈地扩展开来。可日本却并没发生这种事。团块世代正是上村一夫的漫画《同居时代》(1972—1973年)故事背景所处的时代。当时,人们都期待着同居的趋势能够在之后的时代持续下去,同居率应该也会越来越高。然而只有在日本,这件事并未发生。这一点我当初真的很难理解。

后来我才理解了这件事未能发生的理由,是因为大家可以利用父母这一基础。比起和男人同居,利用父母的基础能让自己的生活水准保持一个更高的水平。

水无田:也就是所谓的"寄生单身者"问题了。比起和男朋友同居,还是在自己老家住着更舒服,也更安全。

上野:生活水平高,还附带母亲这么一个家庭主妇,可以说过的是"吃完洗澡,洗洗睡觉"的大叔生活了。

水无田:从宏观趋势来看,同居率也没怎么增高呢。

上野:是的,实际数据也是一样,并未增长。

水无田:在团块世代少年这一代人之后,大学都已经跑出首都圈，去郊外扩张了。

上野：没错。谈到住宅问题，团块世代的住宅条件是非常恶劣的，还有人在一间三张榻榻米大小的房间里同居呢。

水无田：在一间三张榻榻米大小的房间里同居，如今的年轻人恐怕无法想象吧……的确，这么说来，还是住在老家要舒服得多。

上野：与其选择和男人同居，降低生活水平，不如依靠双亲的基础。这可是最优条件了。

上野：还有一点。刚才我也提到了，登记婚姻与开始同居还有怀孕生产，这些几乎是联动的。但我认为，性行为方面的巨大变化、结婚与性行为之间的分离情况出现了。**奚落土井多贺子小姐的那些性骚扰行为，都是以"既然她没有登记婚姻，那就不存在性行为"为前提的。结婚和性生活的开始在形式上基本可以理解为一个意思，所以高龄的单身女性会遭遇极度歧视性的性骚扰行为。**

过去最为卑鄙的性骚扰，要数一群大叔在聊下流话题的时候，再加上一位单身女性在场的情况了。他们在这种情况下讲荤段子，测试那位女性是否听得懂。如果那位女性听懂了，和他们一起笑起来，他们就会说些类似"怎么着？你已经和人搞过了啊？""既然搞过，那你这种女人我也可以出手喽"的话；要是听不懂荤段子,一脸懵懂,对方又会说"哦,你听不懂啊?都这把岁数了竟然还是处吗"来愚弄这位女性。所以不论这位女性是什么反应,都会被当成笑柄。不过话又说回来,当时那个时代形容"处女"的词,写成汉字竟然是"未通女",真是过分啊。

水无田:原来如此,真可以说是双重压制了。

上野:没错。因为性行为和结婚已经成了两码事,所以这种说法就完全失效了。因此,我的实际感受是,大家选择单身的难度也就下降了。

第一章　不婚时代

在20世纪60年代，三十二岁就是"嫁得晚了"

水无田：您刚才讲到的这些，听上去很像松本清张在20世纪60年代创作的《买盆栽的女人》。那是创作于昭和三十六年的小说，小说主人公是一个被"晚嫁"折磨的女白领。她的兴趣只有存钱。她借钱给大家，加上很高的利息，于是净遭人嫌弃，当然，她也没有恋爱对象。这个女白领在小说里的年龄是三十四岁。也就是说，都到三十四岁了，肯定是结不了婚的大妈了。而这个故事在1993年拍成电视连续剧的时候，女主角的年龄设定成了三十二岁。等到2011年由余贵美子主演，再度翻拍这个故事的时候，年龄被设定成了五十二岁。

上野：哦哦，年纪大了二十岁呢。就是说，女主角的设定是五十二岁仍然是处女？

水无田：是不是处女这一点，其实有点模糊不清……

上野：而且也不会被追问了，对吧？

水无田：在电视剧里是不再有人问了。

结婚由我

上野：可以说，这就是这数十年间的一个变化吧。

水无田：没错。只过去半个世纪而已，没人要的大妈年龄就增加了二十岁。

上野：现在的话，五十二岁可是再婚适龄期呢。（笑）在性行为的相关数据方面，一直到我们这一代，初次性交对象即是结婚对象的女性比例是很高的，大约占七成吧。而在如今的女性中，初次性交对象即是结婚对象的情况可以说是很罕见了。变化就是这么大呀。令我们深感时代变了的一个例子，当是皇太子妃雅子①陛下卷入风波后，所有媒体报道时都没有问及她的处女性，甚至都没有相关话题出现。看来是皇室压制了相关的报道。我当时就在想，啊呀，真的是变了，就连家长制的化身——天皇家竟然也会这么做啊。

水无田：嗯。您说得没错。皇太子和太子妃大人是哪一年成婚的呢？

上野：1993年。正好是我调职东京大学的那一年。所以我常拿这个事当段子呢。雅子大人在皇室中患上了适应障碍症，上野

---

① 雅子：本书出版当时为日本皇太子妃，现为日本第一二六代天皇德仁的皇后（2019年德仁天皇即位，日本改元"令和"）。曾为日本外务省外交官员，曾在哈佛大学、牛津大学留学。雅子曾是当时许多女性主义者的希望，日本国民也曾期待雅子嫁入皇室后能够用西方文化改变陈旧的日本皇室，然而雅子此后患上长年的适应障碍症及抑郁症。——译者注

在东京大学倒是活得轻松自在,这之间的差别究竟在哪儿呢?

水无田:雅子陛下本来是想从事外交活动的,对吧?

上野:我觉得那只是一个冠冕堂皇的借口,关键还在于一层又一层的皇室重压。

水无田:等于把她团团包围起来了,是吗?

上野:是啊。就是在"你要是敢说一个不字,就没有未来了"一类的重压之下,又被双亲以"为了国家必须忍气吞声"的理由说教,于是才结婚的。在此之前他们夫妻二人的生活环境和文化差异过大了,所以自然会造成雅子大人的异文化适应障碍。

水无田:毕竟雅子大人属于归国子女……不过,最终还是秋筱宫家生了男孩子,所以女天皇论也就彻底消失了。

上野:消失了,消失了。真是够恐怖的。

水无田:到悠仁亲王成年的时代,情况应该会相当严峻吧……

上野:是啊,到时候都不知道能不能娶到妻子啊。所以我其实一直都在讲,反对女天皇的保守主义者们其实是在加速天皇家的灭亡。

水无田:原来如此。在任何事情上,极端固执的保守主义所背负的问题之根本就在于此。一根筋地在纯粹性方面固执到底,一旦遇到现实条件难以齐备的情况,那么任何集团都极有可能招

结婚由我

致自内而外的崩溃。这一认识其实相当重要。不过,正如您在前面提到的那样,至少以媒体报道首当其冲的日本社会正在改变,我想,这也是希望之所在。

第二章

单身社会
和少子化来临

结婚由我

日本的社会保障无法应对单身选择

水无田：在高度成长时期可行的东西，有一些和现在已经不再合拍，如果将这些部分清理掉，那么就能迎来一个单身人群更易生活的社会了吗？关于这一点，您怎么看呢？

上野：会变成什么样呢？回头看看最初的数据，在接下来的社会中，几乎占人口两成的男女都是单身的情况或许会成为常态。在这种情况下，两成之中的男性群体可能都集中于底层，这些人会被婚姻制度排除在外。男性"无法结婚"，女性"不选择结婚"，这种理由是性别不对称的，会导致男女之间的不匹配。因为不结婚的这两成男女互相匹配的可能性可以说是极低的。

再看单身问题。我前面也提到了，它分为"主动单身派"和"被动单身派"两种。倘若后者在社会层面上被排除在外，那就会产生各种问题。特别是日本的社会保障制度基本是以家庭为单位构成的，所以排挤单身者将会直接导致社会层面的风险，尤其是是否有组建家庭的历史会波及国民的晚年生活。所以，这一点在此后必然会成为一个大问题。

听了您的陈述，感觉您倾向于还原意识方面的问题，但因为我个人是基础决定论者，所以我非常关注这两成的单身人口究竟是什么人。

水无田：自去年起，女性贫困问题才终于拥有了更多被媒体报道的机会，儿童的贫困问题也开始逐渐得到关注了。但问题就在于，社会保障制度的建立是以家庭为前提的，这一点毫无变化。那么被"不婚"包含在内的人群，就会被社会保障制度排除在外。您提到了"以家庭为单位"会导致大问题的发生，一点没错。为了应对这一现实情况，欧洲各国从20世纪70年代至21世纪前十年，花费数十年的时间，将社会保障制度的最小单位从家庭变成了个人，并以个人单位为前提去应对护理工作。而日本却尚未着手改变。

上野：没错。日本依然在依靠家庭。

水无田：接下来，就是好不容易开始讨论的废除配偶者控除[1]

---

[1] 配偶者控除：一个家庭中，夫妻二人中收入高的一方可以申请"扶养"收入低的一方。扶养人（通常是丈夫）因为需要负担妻子的社保，因此可以获得一定的减税"福利"，即"配偶者控除"。2018年，日本施行"配偶者控除"新政：被扶养人的收入下限由原来的一百零三万日元提高到了一百五十万日元，上限由原来的一百四十一万日元提高到了二百零一点六万日元，试图通过这一调整刺激更多女性就业。——译者注

及第三号被保险者①制度。可是，单是废除制度本身也会产生问题。这两种制度就好似将庞大的身体挤进窄小的儿童服装里一样，早已不符合时代的进程，应该被去除掉。可是，就直接对它们这两个"光溜溜的小孩"置之不理吗？这样也会产生问题。所以，就必须再去架构一些新的社会保障制度，比如以个人为单位去保障护理工作的时间等。不论是已婚还是未婚，都不该被差别对待。如今日本社会保障制度的配偶者控除，是针对妻子这一"身份"而成立的。只要是妻子，就该主动承担一家人的护理工作。这就是配偶者控除的前提。可是，这种制度和现实之间已经开始打架了。

比如说，尚未结婚但已经开始承担年迈双亲的护理工作，虽没有传统的"妻子"的身份，但却承担起了护理工作的人想必有很多，而且预计接下来人数还会增加。那么社会保障制度就应该以这类人的负担为基础来改变制度内容。可关键问题是，这一点似乎总是不被提及。而且岂止是不被提及，自民党甚至宣称要创造一个尽全力消除离婚的社会……

---

① 第三号被保险者：日本根据国民职业和加入年金制度的不同，将具有日本共同年金参保资格的人群划分为三种被保险者：第一号被保险者为自营业者、农民以及二十岁以上的学生，只能加入国民年金；第二号被保险者为民营企业的职员，既可以加入国民年金，也可加入厚生年金；第二号被保险者的配偶为第三号被保险者，提交结婚证明后便可领取国民年金。——译者注

上野：是啊是啊。

水无田：因为如果能让人不离婚，社会保障方面的费用就可以少花一点了。

结婚由我

越是拥有保守家族观念的发达国家，少子化进程越迅速

上野：日本这种类型的社会保障系统的背景，其实是一种顽固的"家庭是暗含的资产"的思维方式。在现实情况下，这种思维方式很难消除。我最近刚刚读过落合惠美子的论文，记得她在文中写道：让一个家庭背负起如此重的负担，那么家庭就成了高风险的存在，所以越是遵循保守家庭规范的人，越会产生避讳家庭的倾向。

水无田：正是如此。

上野：这其实就是从"越是保守，家庭的风险就越大"这一概念反推出来的。社会保障向着个人化进步，家庭的风险反而会减少。

水无田：我也在所谓"昭和妻子"的论证中反复讲过，越是真正保守的，并且致力于维护家庭样貌的人，越是会将一个家庭从内而外地毁灭掉。所谓越追求纯粹，越会踏上从内而外崩溃的道路。

上野：这和讨论女天皇制的情况相同，也是越想要维持保守的家庭观念的人，越会加速家庭的崩塌。落合惠美子也在论文中直言不讳地提及这一点。

水无田：从国际上的统计数据来看，当然，这个结果您自然也已经知道了——越是具有强烈的贤妻良母愿望的、保守家庭观念的发达国家，少子化的进程就越迅速。

上野：没错。不仅日本，还有意大利、西班牙……

水无田：而且这类国家还会陷入经济危机。时至今日他们仍极遵循家庭规范，刚才咱们提到的那两成被社会排除的男女，也很容易不婚。

上野：不，应该反过来——不婚者容易成为被社会错误排除的对象。

水无田：原来如此，是反过来的吗？虽然产生了这种倾向，但没产生排除的辩证法吗？

上野：辩证法——这个词听上去也很古老了。您是指什么呢？

水无田：我是想到了英国的社会学家约克·杨。他认为，只有通过互相排除才能保住自身地位的下层阶级人口会增加，从而形成一个"排除型社会"。

上野：其实这种情况已经存在了吧？比如那些在2channel

(2频道)上辱骂女性的网络右翼① 男性，说着"我要诅咒那些没有选我的女人"一类的话……

水无田：哦哦，那还真是相当俗套的一种怨怼了……我也在自己的那本《单亲母亲贫困》中，呼吁大家理解单身母亲，于是被骂"就是因为提倡要支援那些擅自离婚的女人，我们国家才变得这么不景气的"……

上野：美国就存在一些先进范例，用以反击这种老套的抨击福利弱势群体的行为。刚才我们谈到了配偶者控除制，其实围绕这一制度产生纷争的可不是贫困阶层呀。

水无田：您说得没错。

---

① 网络右翼：指在日本社交媒体上支持右翼言论的网民，具体指部分利用互联网发表亲近极右翼、极端民族主义观点言论的日本网络人士。此类人常活跃于匿名留言板网站 2channel、影像分享网站 NICONICO 动画等平台。——译者注

第二章　单身社会和少子化来临

单身妈妈
所遭受的责难

上野：非正规雇用的单身女性以及单身母亲的处境其实更加严峻。"单身母亲责难"已经是美国社会保障政策中的常见情况了。

在日本，进入21世纪前十年，即围绕差别问题展开讨论的时候，第一次在差别问题中加入了单身母亲这一议题。时任"单身母亲议会"理事长的赤石千衣子女士也成功地将试图废除母子补助①的行为顶了回去。纵观历史，这真是十分稀有的一例成功的社会运动案例。在日本，单身妈妈抚养孩子的情况比较容易获得纳税者们的默许与同情，这一点也和美国有所不同。

水无田：同情是关键所在。如果眼前是个满脸歉意、非常可怜且令人同情的母亲，那么就应该保证她的利益……可如果眼前

---

① 母子补助：双亲离婚或有一方亡故时能够领取的一种补助，其正式名称为"儿童扶养补助"。该补助的主要目的是支援抚养儿童，故夫妻中不负责养育子女的一方无法领取。——译者注

那个弱者并非如此,而是堂堂正正地主张自己的权利,那么在日本,大家就会对这名弱者极尽苛责。

关于这一点,其实在婴儿车论争①上民众也是持类似的态度。如果是一边拼命对周围道歉,一边推婴儿车的妈妈,大家就觉得能接受。但如果是一副理所应当的态度,还打扮得很时尚的妈妈推婴儿车,大家就不能忍了。

我将婴儿车论争的相关新闻写在了自己的专栏里,一些海归的读者曾经留言道:"为什么来了日本之后,光是带着孩子走在外面,就得一整天都在道歉啊,明明没做错什么,不是吗?"

总而言之,在农村共同体性质的所谓"自家人"集团中,下位者总是受上位者的照顾,倘若不随时道歉,那就很难被同一集团的其他成员认同。可以说,之所以愿意对拼命道歉的妈妈网开一面,还是因为这种一直以来持续的本能习惯吧。职场上对孕妇的嫌恶行为,即孕妇歧视问题也可以用这种习惯来解释,婴儿车问题也一样,包括对单身母亲的谴责,也是同理。

加之,过去单身母亲给人们的印象一直是很赚人眼泪,令人同情的。但是随着信息化逐渐深入,似乎在一部分人的眼中,有些单身母亲的行为过于理直气壮了——动不动就能领个二十七万

---

① 婴儿车论争:围绕"在较为拥挤混杂的场所,如公共交通工具内或商业设施内,家长推婴儿车是不是无社会公德的行为?"所展开的讨论。——译者注

日元的生活保护费用,结果还嫌不够,嚷着没法出门旅行,没法送小孩去学点东西,这种单身母亲岂不是满脑子的奢侈生活吗?——认为这样的单身母亲非常碍眼的人其实正在增多。

结婚由我

进入保育所 ① 是恩惠还是权利？

上野：认为这样的单身母亲非常碍眼的人都是什么样的人呢？我觉得关于这一点应该进一步探查才行。单身母亲作为同情对象的顺序，排第一的是配偶死亡，接下来是离婚，可能最后才是不婚吧。离婚和不婚的女性别说能博得同情了，说不定还会被当成自作自受，再遭一番攻击。

水无田：是的，您说得没错。但是应该没有人会随意选择离婚吧。**不过在离婚理由这方面，丈夫给妻子的理由中，"性格不合"可以说是压倒性的大多数。但妻子给丈夫的理由就不只是性格不合了，还会涉及遭受丈夫家暴，拿不到生活费，精神虐待，等等。也就是说，由妻子一方选择离婚的一大特征，是切实地遭受了身心的创伤，所以事出无奈，只好悬崖勒马；是为了保护自己和孩子的生命及健康，不得不做出的选择。**这并非任性或随意，

---

① 保育所：根据日本《儿童福祉法》设立的儿童福利设施，为缺乏看护的婴幼儿提供保育服务，一般以零岁至小学入学前儿童为保育对象。——译者注

而是女性作为人理所当然的权利，不是吗？

上野：听到您刚才说的，我想起了杉并区男性议员田中裕太郎的博客陷入网络论战的事。因为收到了保育所发来的不予入园的通知，于是一些孩子的母亲提出了行政不服审查请求，对吧？我觉得那可以说是划时代的一个历史事件了。她们提出请求的内容是：**进入保育所并不是恩惠，而是权利，所以不予入园是对我们权利的侵害。**而面对这一请求，三十七岁的男性议员的回应是：你们要是请求官方的职员，那倒也不是不能帮你们，那就再客气一点求我们吧。于是引发了巨大的网络论战。

虽然这些孩子的妈妈并不是单身母亲，但是"因为工作需要，所以把孩子放在保育所，这不是在受恩惠，而是她们的权利"这一部分，则是一种常识的转变。

而会对这样的女性表示不满的，其实是有过育儿经验的中年女性们。例如，看到有妈妈推着婴儿车进电车，她们就会抱怨"带着这种吃奶小孩出门干吗啊？""就不该让小孩进全是人的电车里啊"一类的，还有"我们当初明明都没这么做，凭什么你们可以？"。虽然时至今日，我本以为这种做法已逐渐消失了——但这回又轮到一些年轻男人谴责那些去工作的女性了。年轻男人们的女性嫌恶并不只是出于福利弱势群体对单身母亲的那种谴责态度，而是对"没有选择我的女人们"的一种憎恶。

结婚由我

恋爱结婚的实态
是同质婚

水无田：团块世代自 20 世纪 60 年代中期开始，恋爱结婚的比例就超过了相亲结婚，这是相当受人瞩目的一大现象。您也是团块世代时的人，会有大家都是恋爱结婚的感受吗？

上野：不，我完全不觉得。咱们就聊聊那个所谓"恋爱"究竟是什么吧。

水无田：请您一定要讲讲。

上野：从数据来看，的确，在 20 世纪 60 年代中期，人们选择配偶的行为开始从相亲转为恋爱。再仔细查阅数据，**我们会发现经由恋爱结婚的人，在居住地、阶层、父母的职业以及其他方面会比相亲结婚具备更为强烈的同类婚姻的倾向**。由此我们能够明确一件事，就是到最后还是只有彼此相似的两个人互相选择了对方。在这一点上，我们甚至可以说，其实是同类婚姻的倾向得到了强化，这是其一。

其二，当时的女性们究竟是怎么想的呢？我们前面也提到了,她们是想"赌一赌男人们的未来"。不是为现在,而是为未来埋单。这总是令我联想起司汤达的小说《红与黑》的主人公于连。当时那一代的人都经历了学历阶级的上升。例如,出身农民家庭的儿子考上东京名牌大学,最后做了官员或公司职员,走上了一条上升的道路。于是,当时的女性就会思考:**比起找一个低学历的地方资产家的儿子结婚,不如找一个虽然没有资产,但是学历高的男人结婚,因为后者更具未来性。也就是说,最终,当阶级变动的幅度增强时,还是女人们在为未来的经济阶层做投资。**

在当时,团块世代整个要比他们父母那一代的阶级上升了不少,处于势头正旺的时期,所以大家都处在一个选谁都错不了的所谓"下竿就有鱼上钩"的状态。

水无田:原来如此。之前还是把关注点放在家世、资产等家底方面呢,对吧?

上野:就算只是高中毕业,也能入职大公司,未来可期,所以比起去挑选这个人的出身阶级和目前状态,不如去投资他的未来。

水无田:因为团块世代就是会投资未来的,对吧?

上野:我观察着这种情况,内心始终有这样的思考:你要投资一个男人的未来,那就意味着你并不喜欢这个男人的当下,对吧?所以你不是在选择他的现在,而是选择了他的未来。因为当时是高度成长时期，所以这个所谓"未来"是有着极高盖然性的。在当时，比起高中毕业的地方资产家之子，大学毕业的男性要更具未来性。所以，这其实是女性以"恋爱结婚"为名的一种"合理选择"。就像托马斯·皮凯蒂所说的：在高度成长时期，劳动生产性在一定时间内是超过资产收益的。从20世纪80年代起，资产收益的上升率再度提高，于是资产所有者的价值也就再度上升了。

水无田：的确，眼下虽然没到二战前的那个程度，但是的确有退回当时的倾向。

上野：我在女子短大[①]教书时，有一个学生是京都松茸山山林地主的女儿。日本战败以后，土地改革运动的实施成了中产阶级化的巨大基础。在这一点上，可真是得对进驻军[②]千恩万谢了吧。因为日本是根本没法靠自己的力量完成土地改革运动的。倘若土地改革没成功，那么日本的成长进度应该会再推迟一些。

不过，土地改革了，山林却并没有改革，所以才残余了众多的山林地主。在这些山林地主中，有些人每到收获松茸的季节，

[①] 短大：短期大学。——译者注
[②] 进驻军：指驻日盟军总司令部，是日本盟军占领时期的最高权力机关，代表同盟国指挥日本政府的运作。该机关在日本通称为总司令部，其缩写GHQ在日本政界与民间广泛使用。——译者注

一座山就能开出三百万日元的投标金额。那如果有这么三座山，就是将近一千万日元喽。

我的这个学生从小就遵从父母的吩咐，以将来要继承家业的身份被培养长大。按父母的意思去找一个入赘女婿——这一指示也已深深植入她的内心。她成长的这一路上就从未想过自己的人生还有什么其他的可能性。我问她："你没想过恋爱结婚吗？"她回答："比起那些男人，我觉得松茸山更值钱嘛。"的确会存在有如此想法的女孩，毕竟那些短大毕业的女孩子都已经将"婚姻就是保障生活财产的方式"这一概念铭记在心了嘛。所以她们绝不会眼睁睁地放弃财产。

在高度成长时期，收入要比资产更有价值，或许可以这样说吧——的确存在那样不可思议的一代人，他们获得收入的期望值在他们那一代得到了保证。

水无田：不过，那一代在日本历史上也算是处于一个异常时期。

上野：没错。当时相亲结婚和恋爱结婚的占比出现了反转。可是，那只是将选择的称呼换成了"恋爱"而已，其中究竟是伴随真爱，还是打着算盘，其实并不明了。不过宏观数据上十分明确地展现出这样一点：被称为恋爱结婚的这种东西，其实要比相亲结婚呈现更为强烈的同类婚姻的倾向。也就是说，他们选择的结婚对象和父母替他们所选的十分近似,但却深信那都是自己的选择,仅此而已。其实皮埃尔·布尔迪厄① 提出的惯习② 概念就解释了这一现象。**在"惯习"之下,没有共同点的人是不会选择彼此的。那么,既然从一开始就由集团筛选过,接下来选择谁都没什么区别了。**这种所谓"恋爱结婚"其实就是在玩 feeling couple③。

---

① 皮埃尔·布尔迪厄:法国社会学者,著有《区分:判断力的社会批判》等。
② 惯习:从经验中积累而来的、在个人并未注意到的情况下决定其思考和行动的趣味或嗜好。
③ feeling couple:在男女联谊或相亲聚会中会玩的一种游戏,游戏内容为在一群参与者中找出彼此有好感的情侣。——译者注

公司是一个寻找配偶的"鱼塘"

上野：恋爱结婚中比较多见的是在公司内找人结婚。女方暂时找了个坐办公室的工作，但真正的目的是要找到结婚对象。据我在20世纪80年代任职于短大的经验来看，她们声称是对自己找男人的眼光没什么自信，所以会觉得由公司筛选出来的男人更靠谱。所谓"恋爱结婚"，只不过就是把"在选谁都是大差不差的集团中，选一个觉得比较投脾气的男人"换了个说法而已。

水无田：我将这种做法称为恋爱风格的"预做准备型婚姻"。在那个时代的确是那种做法。

上野：也可以说是公司在为那些忙得根本没时间谈恋爱的男员工预做了准备。其实经朋友介绍，还有现在的联谊聚会也都是一种"预做准备"。

水无田：上司会把两个年轻的员工撮合起来吗？

上野：公司那边也会有一种出身清白的女孩子直到结婚为止都"暂由我司托管"的意识。因为结婚就是她们的终点，所以是

结婚由我

"寿退职"①嘛。对公司来说,以每人三百万日元的成本录用的那些终身雇用的男员工可以用一辈子。估计这些男性也没有恋爱或交往的时间,所以干脆在公司内部为他们圈养一批未来的配偶者候补吧。原本在公司里当过白领的妻子也会比较理解丈夫在公司内部的处境及公司的风格。所以我将公司称作"鱼塘"。

水无田:鱼塘啊。把深闺小姐直接送进养鱼笼……她们从来没见过大海呢。接下来就直接结婚了,和丈夫手牵手,用远足的心情踏上新婚旅行的列车。

上野:在那个时代,男女还不会在人前手拉手。新干线开通的时候,坐新干线去热海可以说是新婚旅行的经典选项。当时,新郎的朋友们会在新干线的站台前给新郎的脖子上挂一串"功能饮料",然后嚷着:"万岁!你今晚加油哟!"因为从原则上讲,新婚初夜即是性生活的开端。

水无田:公司好比一个村落,这种婚姻其实就是同村的两个人结婚了。

上野:对对。

水无田:这么说来,在当时男女其实可以不必为结婚做任何

---

① 寿退职:指以结婚为契机辞去工作。在过去,女性常会在结婚后辞去工作,又因结婚是"可喜可贺的理由",故用"寿"字这种比较吉祥的字眼打头来表达这种辞职的原因。——译者注

交流，还有为恋爱掌握的那些沟通技巧，其实也不需要，对吗？

上野：我觉得是不需要的。因为结婚是一种习俗。

水无田：毕竟只要隶属于进行了一定筛选的鱼塘中，那从一开始大家就都是这个集团中的一员，选谁都没多大差别，对吧？

结婚由我

高度成长时期男性的"攀高枝"现象

水无田：到了今天，这种情况出现了巨大的转变，尤其是在女性中，非正规雇用的临时职员的人数增加了，我听说职场上的性骚扰现象还在恶化。过去公司是一个村落，会保护住在同一村子里的村民，可如今这一后盾却消失了，所以导致了这一现象的出现……

上野：因为是非正规雇用，没有保障，所以情况才会比过去更加恶劣。过去一般职业的女性就算被人喊作"局大人①"，但只要还想在公司留任，就可以留下。但如今连这个选择权都没有了。

水无田：因为非正规雇用的形态下，每两个月至三个月就是一个解雇节点，所以也不知道该去找谁提诉求。

上野：和当时大不相同的一点是，这三十年间，女性已经高

---

① 局大人："局"原本是日本古代对仕于宫中或公卿、将军家并居于重要地位的女性的敬称，后在日本职场中被引申为一些对看不顺眼的人（尤其是女性）格外严厉、爱对周围的人或事摆架子、爱多管闲事的职业女性。——译者注

学历化了。发生了什么呢?发生了女性的学历和她们的出身阶层达成一致的情况。

水无田:原来如此。

上野:这就是和过去极大的一点不同。例如,短大毕业和大学毕业相比较的话,在过去那个时代,想从事专职行业的苦读学子会选择四年制大学,而去读短大的女性经济阶层会比较高。因为短期毕业对就职更有利。所以这些读短大的女生便源源不断地进入各种名企,成了最高层次的新娘候补。不过,我们再看看十八岁女性的高等教育升学率,会发现在1996年,四年制大学超过了短大。自此以后,偏差值、学历、女性的出身阶层便形成了联动。

水无田:是这样啊。也就是说,提升新娘"品牌"的短大的价值在逐渐下降,学历阶级和出身阶级达成了一致。过去那段历史和源氏鸡太在其畅销作品《三等经理》①中所描述的世界如出一辙。但其实就算被委以重任,趾高气扬,放眼去看高额纳税的阶层就会发现,反倒都是妻子的出身阶层会更高呢。比如,在同族经营的公司中,男人娶了专务的女儿为妻,从而缔结了血缘关系,飞黄腾达了。所以比起女性麻雀变凤凰,当时反倒是男性"攀高枝"的比例更高。

---

① 《三等经理》:日本作家源氏鸡太于1951年发表的长篇讽刺小说。——译者注

上野：虽说是"男性攀了高枝",不过对女性来说,选择一个像《红与黑》里的于连那样属于蓬勃起步的新兴阶级,同时又毫无资产的男人更具经济合理性。而对男性来说,选择出身于有一定资产的阶层的女性,经济合理性更高。布尔迪厄说得没错,结婚就是立下经济契约。布尔迪厄研究的出发点,是南法一些家族的结婚战略。

水无田：文化资本方面自不必提,资产方面也是妻子这边更高一层。

上野：是的,妻子会更高。

水无田：往往也都是妻子们带着孩子一起去听古典音乐会或者看歌舞伎演出,她们会说:"反正带我们家那口子去了,他也看不懂。"然后就把丈夫独自留下看家了。

上野：考察同类婚姻中夫妻出身地的邻近性,会发现数据方面的一个明确指向:男性离乡的幅度要比女性大很多。

水无田：的确如此。

上野：因为离开村镇,流向大都市的男性数量呈压倒性的多数,所以这些地方出身的男性就和大城市的女性结婚了。于是经济阶层方面就是妻子更高。男方本身就是家中的二儿子、三儿子,所以被妻子这边的亲戚拉拢过来的倾向也很强烈。

日本的男人是全世界最孤独的

水无田：接下来聊的内容可能会稍微跳跃一点，根据OECD（经济合作与发展组织，以下简称经合组织）的调查，日本男性中，除工作之外几乎没有人际关系，或是完全没有人际关系的人数在全世界范围内都是极为突出的。可以说，日本的男人是全世界最孤独的。但会如此，是不是也可能和离乡者众多有关呢？

上野：我想的确有关吧。其实就是失去了和出身地相维系的资源，但相应地，拥有了公司这么一个立足之地。在名为公司的村落中又建立了新的联系。

水无田：但是公司这个小生态系统会随着离职瞬间烟消云散，这一点他们并没意识到。

上野：当时人们的想法是，自己根本活不到那时候。因为五十五岁退休，大家本以为离职之后很快就死了。结果日本进入了超高龄社会，这就打乱了一切安排。

水无田：公司这个村子中的居民被赶出这片伊甸园之后，平均还会再活多少年呢？不同职业阶层平均寿命的数据，您有掌握吗？

上野：没有。如果有这类数据的话，我是非常想了解一下的。

水无田：我听说过一个类似都市传说的故事，说某著名企业的员工是××公司计时员。因为他们中很多人都是刚到退休的年纪就死了。这听上去有点恐怖……虽然难以判断这个故事的真伪，但是日本男性的确十分坚守职场第一主义，不然也不会有这种内容的传言了。真想结合不同职业阶层的数据，好好做做调查。

上野：原来如此。退休前不同职业阶层的死亡率数据我也很想看到，不过，任职过的不同职业阶层的认知症发病率在流行病学方面的数据我也很想看看。之所以想了解这方面数据，是因为不知为何，做过教师的这一群体的认知症发病率似乎很高，但是又没有证据证实这一点。我想，在教师群体中恐怕也存在您提到的那个××公司计时员的情况吧。

选择配偶时的意愿决定者从父母变成了本人

上野：再说到"惯习"。我讲一个自己实际听到的例子吧。某名门女子大学的三个好友分别恋爱结婚了，一个人嫁了医生，一个人嫁了经营企业者的儿子，一个人嫁了律师。大家都是通过恋爱结婚的。不过要说这三对夫妻都是在哪儿认识的呢？是在骑马俱乐部和帆船俱乐部。

水无田：啊，总感觉有画面了……

上野：他们从一开始就被出于兴趣和嗜好的"惯习"筛选过了，过了这道门槛之后其实选谁都无所谓。他们就把这称为"恋爱结婚"。

水无田：这其实还是同一阶层中两个同村的人结婚了。

上野：没错，就是同类婚姻。

水无田：其实以前就是同类婚姻，但那时即便是大家闺秀，也帮忙做家务，没职业、没收入的情况很常见。所以这种情况就只是没有显现出来而已。近年来，有人说同类婚姻的指向开始升高了，但其实并非如此……

上野：至于区别，我想虽然现在和过去都是同类婚姻，不过现在选择配偶时的意愿决定者从父母变成了本人，仅此而已。用福柯的说法，其实就是牧领权力①的内化。也就是说，选择配偶时的标准已经被植入了他们的内心，基本就像是身体里装了个GPS（全球定位系统）一样。

水无田：我会称之为把"爱管闲事的大妈软件"安装到脑子里了。

上野：没错，就是自己给自己安装的。这个"安装"的情况自那以后也没有改变。女孩子们选择结婚对象的标准和恋爱对象不同。她们认为，结婚对象必须得是带去见父母也不会给自己丢人的那种人。男性本来就是有妻子和情人双重标准的，现在女性也和男性一样有双重标准了。我总会想到那些现实派的关西女子。

水无田：关西那边真是不一般呢。

上野：在关西，场面话和真心话是一致的，他们不会只说漂亮话。这其实是一种规范的内化，牧领权力的内化。

水无田：原来如此。关西人是将"规律、教养"内化了啊……

---

① 牧领权力：这是一种无形的权力，据说它会促使人们根据上帝与人之间的契约，将上帝的旨意内化，并出于个人意愿去主动服从，就像牧羊人将一群羊引向同一个方向一般。

关西的那些现实派女性会觉得一切出于她们的自主选择，所以根本不会有分裂感。

上野：对，不会有的。这真称得上是受权力的彻底支配。

水无田：真是可怕。

上野：不过，所谓近代个人主义，其实就是这么回事。

水无田：对我这种一想要装点什么"软件"，动不动就会死机的人来说，在这个社会中真是生存艰难。

上野：哈哈哈。您应该没能顺利安装上女人的OS（操作系统）吧？

水无田：是的。从一开始的系统就错了，后面的人生也就可想而知……我母亲似乎很早就看透了我的特性，所以从我小时候起她就告诉我：你这样的人啊，除非是那种兴趣非常特别的，否则谁会想娶你呢？而且你也没法去坐办公室当女白领，收获上司和周围大叔们的青睐。所以你赶紧找到自己拿手的本事，一辈子靠自己加油活下去吧。

上野：啊呀，是吗？那您结婚的时候，您母亲是什么反应呢？

水无田：嗯，我结婚的时候她已经去世了，我其实蛮想听听她的感想。

上野：对您母亲来说，您结婚是出乎意料的吧？

水无田：是彻底地出乎意料。

上野：对您自身来说，也是出乎意料的吗？

水无田：没错。我丈夫和我是研究生院同研究室的同学。我俩交往了差不多九年吧。听人说，结婚之后搞资料的钱、照明燃料费还有居住费用都会便宜点，我就想，啊，也是啊。

上野：但其实同居不就行了吗？选择结婚是因为经济的合理性吗？

水无田：没错。我想着结婚之后能获得各项扣除的嘛，所以就顺从了这种劝说，投降了。欸？真是抱歉，我竟然结婚了。

上野：哈哈哈哈，您觉得结婚是一辈子的事吗？

水无田：说到底，我其实根本不认为自己适合结婚。我这个人生性比较宅，还是个腐女，总觉得能独自读读写写、玩玩游戏就已经很幸福了……我就是这种所谓"废柴"。我每天都会想，我这样的人能维持住婚姻生活吗？明天说不定就要离了。就这么想着想着，今年（2015年）已经是结婚的第十二个年头了，而且还生了小孩，连我自己都震惊了。

第二章 单身社会和少子化来临

团块世代在避孕方面做得很差？

上野：刚才您问我为什么同居人数没有增长的时候，我想起来一件事，我们那一代啊，只要两个人走到一起，就会马不停蹄地怀上孩子。也就是说，大家真的都很不会避孕。当时的女性根本没有掌握什么比较可靠的避孕法。我记得团块世代少年的出生高峰是 1973 年。也就是说，团块世代的女性在大学毕业后立即就怀孕生产了。不婚的单身母亲的选项对当时的女性来说几乎就不存在。

水无田：20 世纪 70 年代那阵子的人口动态特殊统计中，所谓"奉子成婚"的概率有多高呢？

上野：当时怎么会有奉子成婚率的统计啦。

水无田：还真是没有当时的数据啊。我其实也找过，但没找到。

上野：那之后，到了 20 世纪 80 年代末，社人研才开始收集起了"奉子成婚"方面的数据，即妊娠先行型结婚的数据。

水无田：婚外恋和奉子成婚的数据都是很难掌握的，婚外恋的数据您有掌握吗？

上野：婚外恋这方面，要是任意样本的话那是有的，比如投稿类杂志 *WIFE*（《妻子》）有他们自行收集的已婚女性数据。还有小形樱子她们办的 *More Report*（《更多报告》），这一类的有偏样本数据，而随机抽样数据则比较少。不过在NHK（日本放送协会）出版的《日本人的性行动·性意识》一书中也有相关数据记录。

偏好排挤子女的
团块世代

水无田：因为是家中私事，所以自己尽量隐忍——这种对女性的规训如今竟然毫无变化，真是令人震惊。

上野：**家暴现象也并未减少，丈夫的蛮横暴力情况也没有消失。男女关系这种东西，几十年都没变。**令人震惊的事情实在太多了。

水无田：我曾经领着孩子去市民讨论会参观，结果被其中一个七十多岁的老大爷训斥："你滚出去。"我事先明明问过主办方，能不能带着孩子来，主办方回答说："当然，我们欢迎所有人参与。"可是我家小孩有点闹人，于是我们被赶了出来，只能看着大厅的监视电视学习了。

上野：去市民讨论会参观竟然还会遇到这种事？那当时周围人是什么反应？

水无田：鸦雀无声。事后有人单独来安慰我说："当时挺不好受吧？"不过没有人当场发声。

上野：市民讨论会的主办方是行政机关吧？市政府当时对这件事是怎么处理的呢？

水无田：彻底无视了。

上野：欸?!真的吗？

水无田：这种情况其实并不少见。事后有人（我估计就是赶我们出去的那位）在调查表上写了"小孩子还不算市民，所以不应该参加市民讨论会"的话。实际上，这些老大爷说话是蛮有分量的。社区中心也宣称：还未就读小学的孩子太吵闹，所以禁止他们进出。

上野：真的吗?!

水无田：是的。团块世代的老大爷们很闲的，在家待着也是碍事，所以一整天都在社区中心下围棋、将棋，或者在图书馆读报纸。就数这种老大爷嗓门高，看到在社区中心跑来跑去的小孩子就会发火。可孩子们就是为了能跑来跑去才去社区中心的……

上野：家里那么小，也跑不开啊。

水无田：我们其实也屡屡主张，应该为孩子们创造一些容身之处，但是人数上很难胜过对方……

上野：看样子，那些创造了"三鹰·大家的广场[①]"的团块世

[①] 三鹰·大家的广场：以日本三鹰市为中心，围绕高龄群体这一主题开展各项活动的组织。——译者注

代退休人士，想要的是他们自己的容身之处呀。（笑）

水无田：男性没有可以待的地方，就跑去各种地方待着。如果只是待着也还好，但他们会排挤女性和孩子，真得想想办法。

上野：并且颐指气使。

水无田：没错，颐指气使。施加压力、颐指气使、牢骚满腹……我经常看到这种老大爷，总忍不住想：他们不知道还有其他的交流方式吗？

上野：像这种老大爷的存在本身是完全可以想象的，不过他周围的人对他的所作所为完全不在意，这一点令我感到难以置信。就没有人出面纠正他们吗？

水无田：一方面，现场是一边倒的，男性居多；另一方面，当时的气氛就是"你必须让你家小孩赶紧安静下来"。

上野：既然如此，您就得当场回击："那以后这种讨论会就应该提供儿童托管服务啊。就算小孩子不算市民，可我算啊，没地方托管小孩的话要怎么办呢？"

水无田：说得对啊。这件事其实还有一个内情——那个讨论会倒也提供了儿童托管服务，但是明明托管名额还有富余，但截止时间早早就结束了，等我去申请时已经不予受理了。无奈，我只能中途退出。如果要带着孩子，就得提前去计划行动，这样真的很辛苦。

结婚由我

上野：呵，真是对儿童充满排斥。一边在商量少子化对策，一边又营造出对负责育儿的一代人十分不友好的气氛，这种状况真是毫无变化，甚至可以说是变得更加恶劣了。

水无田：而且，我听了一下场上的讨论内容，就是高龄者们的"诉苦大会"。我请求母亲们尽量出席地区讨论会，增强存在感，并在会上多多强调育儿支援预算等等。因为，承担一个地区的社会资本的其实是送孩子去当地公立小学、中学读书的母亲们。町内会①或PTA、NPO②，等的主力也是妈妈们。**她们明明承担了成本，但却未拥有做决策的地位。**

---

① 町内会：日本社会的自发性基层社区组织。——译者注
② NPO：全称为 non-profit organization，非营利组织。——译者注

第二章 单身社会和少子化来临

"3·11"为主妇们带来的烦恼

上野：我听说在当了妈妈的朋友之间讨论原子能事故和政治是禁忌，真的吗？

水无田：其实在我身边，大家还挺常谈到的。

上野：您身边的这种情况属于比较特殊的吗？我听说有些妈妈谈论了这些，结果被拉走了。虽然我本人完全无法理解为什么会这样。

水无田：我们的育儿支援 NPO，曾经帮助一些嫁去福岛的女性暂时搬往冲绳避难。当时她们也经历了很多艰辛。对这些妈妈来说，她们内心是希望去冲绳避难的，哪怕只是躲避一小段时间也行。可她们居住地的所谓"村社会"却摆出一副"你们这是要逃跑吗？"的态度，并用"大家都这么努力，怎么只有你们光想着逃命？"这一类说法牵扯住了她们。

上野：好像还说过"要是走了就别再回来"之类的话，对吧？

水无田：于是那些想走的人最终只好告诉我们："虽然我们是

想走的，但是很抱歉，只能取消行程了。"

上野：唉……

水无田：虽然国家说核辐射问题不会对民众造成直接影响，但却对家庭关系造成了影响呢。

上野：她们周围的那些女性即便过了育儿期，也是积累了育儿经验的人吧？为什么那些人不能说句话呢？

水无田：是啊。这一点上的确还有一定的验证余地。主要是，大家可能都把这种做法认定为一种习俗了吧……

这四十年间，
整个世界丝毫没变

上野：前一阵子，我参演的电影《有何畏惧？生为女性主义者的女人们》在上映会后喊我去参加了一个谈话环节。我听了在场年轻人的发言，不由得心生感慨：这四十年间，整个世界似乎丝毫没变啊。大家有很多迷茫，比如男女关系，比如夫妻关系……

水无田：虽然参与工作的女性人数增多了，但往往都拿着很低的薪水被使唤着，位居管理层的女性人数很少。还有那些对带孩子来工作的人加以批判的行为……也一样没变。不过，这些问题总算在社会层面被意识到了，当然，我指的并不是被卷入网络论战的区议员的那种"认识"。可习俗、文化规范这部分却完全没有变化。

上野：我认为，意识基本上是不会率先改变的，一般都是现实率先产生变化，意识的变化则只会跟在现实的变化之后。

水无田：在对学生做意向调查的时候，我也会发现这种情况。

的确，**现在一些男学生也倾向于双职工家庭。但是，他们所谓的"夫妻共同工作"，是建立在"要是妻子实在想去工作，那我也能准许"的语境里的。这态度可以说是相当地居高临下了。**

上野：关键点就在于"丈夫能不能同意妻子找工作"喽。说到丈夫在这方面态度的分歧点，根据20世纪80年代的数据，当妻子的年收入到了三百万日元这个槛上时，丈夫的态度就会发生变化。一旦妻子的收入在三百万日元以上，丈夫就会央求妻子："行行好，你可千万别辞职啊。"因为妻子是否有收入，会影响家计规模的变化。

水无田：从中间值看，从20世纪90年代后期到21世纪前十年后期的这十年间，三十岁至四十岁的男性年收入平均下降了两百万日元。虽然获取这个数据的方式本身也有些问题，但平均应该也下降了一百二十万至一百三十万日元。越是年轻一代，年收入就下滑得越猛，所以夫妻中只有一人工作的模式显然已经不适用了……

上野：年轻人们不这么想吗？

水无田：学生们貌似并没有这样想。可能他们进入社会之后过个几年就会改变主意吧。但我对男学生们"居高临下的平等愿望"还是蛮在意的。

日本不是歧视女性的社会，而是优待男性的社会

上野：我不太明白，大家一起上了学，他们也目睹了同龄女生的表现和统率力，但这些男孩子为什么仍旧没有改变自己那种"居高临下"的态度呢？

水无田：关于这个"居高临下"，并没有确切的统计数字，不过从眼下的趋势来看，女性的大学应届毕业生的内定率是比男性高的。是否能够获得持续雇用这一点暂且不提，一些岗位是非常乐于招聘女性入职的。不过，男性们貌似还不太能接受这一事实。我还偷偷听到过那些负责就职录用的大叔说，如果从高到低录取参加笔试和面试的毕业生，就会出现名列前茅的净是女性的情况，所以他们还会从"尚有成长空间"的角度，期待这些男性以后的进步，硬给他们的成绩注水之后再录取。

上野：我想也是。毕竟女性就是做得更好呀。所以也就能推测出人事录用这方面是有一个隐形的女性专区的吧。

水无田：虽然这样说有些不客气，但男学生们的成绩一向都

是注了水的，所以我猜他们甚至都没注意到这些吧。

上野：所以，**我认为这个社会与其说是"歧视女性"，不如说是"优待男性"。**大学考试的合格率方面也是女性考生更高。

水无田：如果是水平十分拔尖的女生，也就是相当优秀的精英女性，其实问题倒不大。那些所谓"女子力"很高，十分自觉地投入"女性角色"的女生也并没什么纠结。就算询问她们，这些女生也只会在反馈书上写"那我也要加油多生孩子"一类的话。

而问题就出在中坚阶层的女大学生身上。精英和女子力，她们两头都不占，所以就始终背负着那种复杂且别扭的感受。

上野：在这种状态下成长的中间层女性，才会掀起"女权运动①"。在精英女性眼中，"身为女性"不够体面。而位居下层的女性更是迫不及待地将"女子力"变成一种资源。

水无田：的确是这样。现在，就是这些"中间层女性"的不满，导致没能掀起"解放运动"。是不是因为她们觉得，聚集起来提出异议的行为性价比太低了呢？

上野：就算这些不满没有诉诸社会行动，但在对配偶的选择以及和丈夫的家庭内部斗争上也没有体现吗？

---

① 女权运动：指 20 世纪 50 年代末至 60 年代在世界各地同时掀起的女性解放运动。

水无田：这么说来，虽然有一部分人会对丈夫采取怀柔政策，但是大家的确都会回避正面冲突呢。

上野：的确如此，目前男性和女性都有规避矛盾的倾向啊。

结婚由我

对"虚抬成绩"的男性们的怨恨

上野：不少妻子从结婚起就一直在说"我之前成绩一直比他好呢",而且还会说一辈子,然后攒了满腹的怨恨,一股脑全倒到孩子身上。所以我常这样对团块世代男性说：别觉得自己很有实力,你其实是吃了时代和性别的红利,占了高学历化的便宜而已,别错认为自己能力很强。

在纪录片《有何畏惧？生为女性主义者的女人们》中,樱井阳子女士说了一段非常有趣的话,大意如下：一进公司,我们这些人就成了开早会时给同届毕业的男生们端茶倒水的角色。那些在大学期末考试的时候哭着问我们'你做笔记了没？借我看看呗'的男生,是在我们的帮助下才考试及格毕了业的,结果现在我们在给他们端茶。于是我们投身到拒绝端茶倒水的反抗中,结果一败涂地。像阳子女士这样毕业于水平较高的私立学校、能力很强的女性,在毕业后也会在职场和家庭中坚持贯彻女性解放。

水无田：如今,像这样成绩不错的女性也能单打独斗了,不过相应地，她们也逐渐不再参加解放运动了。中间阶层的女性会和精英们结婚，然后始终迷茫于不知道该去哪里寻找一个自我认可的舞台。

上野：在私立学校中可能还有女生专区和男生专区吧。过去都立高中设置了女生专区，结果出了很大的问题。

水无田：在主要以升入大学为目标的高中，陈规陋习是很常见的。我研究生院的前后辈大多也是从这类高中考上来的。他们和我是同代人，20世纪80年代念高中。听他们说，那时候地方上的这种考大学的高中有一班、二班，班上明显是男生更多。在地方上，女生想念大学，难度是很大的。而这种难度甚至在考高中的时候就开始了。不知道现在是什么情况呢。有些之前曾是男校的学校，近些年开始推进男女共学，于是偏差值一下就蹿了上去。这是因为女生将偏差值拉上去了。

上野：反之，原本是女校的学校推进共学后，入学偏差值一定会下跌。所以说，同学会上大家都反对女校的共学化，这是有原因的。

水无田：施行分配制[①]，其实也只是将迄今为止为男性成绩注水的那部分降低了一些而已。

---

① 分配制：为实现男女平等，在组织中要求安排一定比例的女性的制度。

上野：我也这么认为。其实就是把男人脚下高高摞起的垫脚砖撤走了几块罢了。

水无田：结果提到要施行分配制,还有不少人批判说这不还是歧视吗?只是颠倒过来,女性歧视男性。

上野：谁这么批判的?

水无田：议会上讨论到这个话题就必然会出现这种意见,网上只要有这类新闻,下面的评论里面必然会有人这样讲……

上野：那也只是很少一部分网民的说法吧?

水无田：话是如此,但这种不理解还是会令人感到沮丧……

男女学历的差距并非能力差距，而是父母投资的反映

上野：看看教育投资方面，时至今日，日本女性和男性之间的学历差距仍是经合组织成员国中最大的。十八岁的人中，女性的升学率是52%，男性的是50%，女性甚至还比男性略高一些。但是再看四年制大学，其中男性的升学率约为50%，女性的则只有40%。这之间出现了10%的差距。也就是说，日本的高等教育需要凭借学生父母的教育投资才能成立，属于由私人承担的投资。这就意味着，日本的父母并不准备把钱花在女儿身上。

水无田：从GDP（国内生产总值）比例来看，一众发达国家中，日本的教育费用在家计负担里的比例高得非常醒目。这也就十分明确地表现了父母的意向。即便是在四年制大学里，女生往往也都倾向于选择家政系、艺术系、文学系等，也就是所谓和"出人头地"没什么关系的系别。所以说，从一开始，"出人头地"就没被纳入考虑。

上野：很久以前我就认为，**女性间的学历差距反映出来的并不是能力的高低，而是她们的父母准备等两年还是等四年再回收教育投资的问题**，区别就只有这一点而已。

医生、律师考试的女性合格率高速增长的原因

上野：升学之后的系别选择上，存在"系别性别隔离"的情况。像您刚才谈到的，女性大多集中在和赚钱没什么关系的艺术系、教养系的情况，在20世纪90年代出现了变化。20世纪90年代出现了女性高学历化的现象，尤其是四年制大学的升学率，女性人数较男性人数迅猛上升。当时人数明显增多的系别是法学和医学。

水无田：说起来，目前就读医学部的学生中，有四成是女性，对吧？

上野：在21世纪前十年，医师国家考试的合格者中，女性的比例占了三成。在司法考试中，女性的合格率则超过了三成。比较有意思的是，医生和律师的特征就是都属于"技术活"，可以单打独斗，而无须进入组织内部。

水无田：2013年，日本FP协会（日本理财规划师协会）征集小学生写的作文，题目是《将来的梦想》。我记得女生这边人

气第一位是医生,第二位是保育员,第三位是甜点师。总之都是一些职业化的工作。从征集作文的这个媒体的特性来看,会给这类协会投稿,可能意味着这些孩子的父母大多比较热心于教育,所以某种意义上有一些影响……不过,男生的第一位还是足球运动员,第二位是棒球运动员,这个选择和过去相比并无变化。

上野:不论是棒球还是足球,都要在组织集团中进行团队合作才行。

水无田:这两种都属于能够达成自我表现,博得喝彩的职业。高偏差值的女生会去读法学,而如果是读理科,就算读了工学,出来之后进入制造业也很难吃得开,那就选个医学吧。

上野:她们的背后还有母亲这么一个"背后灵"的存在。毕竟,想让女儿的高学历成为可能,必然要仰仗父母的基础。尤其是母亲,没有母亲的支持,女儿是没法成为高学历者的。**而在这种时候,母亲不会去选择让女儿成为组织中的一员。因为她们自己有当女白领的经验,女性在组织中遭受了怎样的对待,她们可以说是见得太多,多到想吐。**关于这一推论的合理性,我是比较确信的。

水无田:我明白了。意思是说,她们认为就算进入组织,也没什么好事。女性不去从属于某个组织,其实更方便回收父母之前给出的投资。这一层意思和刚才我们的讨论结果还是很一致的。

上野：这一点我倒是无法确认。说不定一些女性选择"技术活"，是怕自己的丈夫有什么意外，所以才做出了这样的选择呢。

结婚由我

结婚后不再从业的
女医生们

上野：现在就出现了"女医问题"对吧？就是"取得资格证书的女医生不再继续工作了"的问题。

水无田："女医问题"啊？的确，尤其是妇产科医生，她们大多在长时间地工作，而且工作量繁重，所以很难坚持下去……

上野：女医生大多会和比自己水平更高一档的男性结婚，这些女医生结婚生育后就离职了，并且不会再回到职场工作。因为夫妻双方以及彼此的家人们都觉得她们不必直接回归职场，并认为她们的医生执照主要是在万一发生什么特殊情况的时候"可能派上用场"的东西。就算她们回归职场，也会选择非常勤的高薪兼职，拒绝夜班、拒绝加班。这也就必然导致了"女医亡国论"的出现，这一论调认为：投资高昂的教育费用，尤其是国、公立大学，它们还是用公民的税金去投资，结果竟然培养出了这种人？

水无田：如果选择了一些未来可能涉及重体力劳动的专业，

学生能拿到的奖学金金额也会略高，很多外国大学都采用了这样的办法，但是日本并没有。如此一来，必然是低风险、比较容易单独经营的那种专业更火爆些。比如，有很多女性倾向于选择皮肤科和眼科专业。

上野：而且在做选择的时候，她们还要以兼顾家庭为前提，得符合无须值夜班、无须长时间劳动等条件。

结婚由我

聪明的女性不会选择综合职①，而是会选择一般职②

水无田：我也会做学生就业支援及职业支援的工作。我记得有不少女生在选国家公务员考试的时候，一类考试和二类考试③都考上了，却果断说二类考试才是自己的志愿，并且二话不说就把一类考试抛弃了。这件事挺让我震惊的。

上野：我明白。我之前受邀在某名门女子大学给大家讲了约半年的性别论。每次课结束，都能收到不少反馈单，其中有人写："上老师您的课之前我的目标是综合职，但是感觉一般职才是更

---

① 综合职：属于企业活动的核心，从事该职位的人也会成为未来的公司高层、决定公司方向性的精英。工作内容方面要求有极强的判断力和责任感，有部署和规划能力，以及对业务的深入理解。——译者注
② 一般职：主要负责辅助综合职开展工作。主要从事细节工作，工作内容较为固定，基本不考验判断力。——译者注
③ 一类考试和二类考试：日本国家公务员一类考试合格者是干部候补，也被称为"精英组"，是职业上升速度较快的一种类型，现在多被称为"综合职"。二类考试合格者则属于"中坚干部候补"，上升速度慢，比较适合想在地方政府工作的人，现在多被称为"一般职"。——译者注

聪明的选择，所以我决定改变目标了。"

水无田：这可真是令人大为震撼啊……

上野：我其实并没有在课上说什么煽动性的话，就只是给学生们展示了一些数据，十分平静地告诉大家情况是这样或那样的。是学生本人在看了数据之后，通过自身判断认为选择一般职要比选择综合职更有利。

水无田：哎呀，其实那些聪明女孩就算不听您的课，也会主动选择一般职的。因为她们首先已经确定了要工作、家庭兼顾，而且还要方便请产假和育儿假，所以也不指望进入管理层。而大部分选择综合职的女性，追踪其入职十年后的情况，会发现其中七成会在十年内离职。

上野：著有《"育儿假"一代人的两难处境》一书的中野圆佳也说过类似的话。到最后，那些和男性们并肩获得综合职的女性，反而因为是女人，结果离职倾向更高了。反之，那些坦然接受自己作为女性的"特殊"性，选择一般职的女性，却更具有长期继续工作的倾向。

水无田：没错。通过各项统计能够明确的一件事就是，任综合职的女性往往工作强度大，任职时间短。

被录用为综合职的女性在进入公司十年后，出人头地的比例约占一成。而想达到这种出人头地的目标，也正如前面山口的统计所示——要比男性更花时间。**能够出人头地的那一成女性，在日常生活中要比和她们程度相当的男性花费更长时间去工作。**也就是说，她们是您曾经提到的"名誉男性"。日复一日地比男性花费更多的时间去劳动，出人头地的时间还要比男性迟，然后好不容易才爬到了管理层。付出的那么多，得到的却太少，所以聪明的女生不会选择综合职。

能力出色的女性支撑着
日本旧有的男性社会的存续

上野：能力出色的女性们，对那些日本型体系，也就是以男性作为主要收入主体的模式表现了极高的适应度。如此一来，当下的这种体系可以说是通过她们的协助共犯关系而维持下来的。

水无田：其实我也是一样，会在育儿过程中包揽各种安排，比如把孩子暂存在哪里之类的，工作的时间也比丈夫更长。也就是说，我一人将整个家庭的管理工作全都承担下来了。而为了我这个家庭能良好运转，我还要一点一滴地说服我的丈夫，请求他的帮助和理解，每天就这样费尽心力地维持着家庭。所以有时候我会很不安，会想："我做的这些事，该不会导致所有女性都更难去工作了吧……"

上野：它其实就是一种父权制的再生产。

水无田：而且，我感觉自己变成了电影《黑客帝国》里的那种人肉电池。为了维持社会运转，我变成了干电池，明明知道这一点，却仍旧不由自主地成了干电池，真的很矛盾。可我们夫妻二人都是非常勤讲师，光是想要活下去就已经尽了全力，感觉我们就像是乘坐一叶需要用手划水的小舟，驶进了大海一般。现实情况摆在眼前：伴侣不能歇下来不划船，否则会给我带来麻烦，所以就只能这样拼命划下去。

上野：中野女士用一个非常合适的词去形容自己这一类人，叫作"新自由主义时代的优等生"。

水无田：这形容真是绝妙。

上野：所以相应地，这一类女性的适应能力真的很高。

第二章 单身社会和少子化来临

毫无育儿
战斗力的丈夫们

水无田：虽然我自己这样讲有点不合适，但看看我这样一个不论如何被社会毒打，都还是想方设法生存下来的人，我有时候也会突然悲从中来。我真的教过很多很多课。在预备校或专门学校里，我教授的科目超过了三十门。有时候其他老师病倒了，我会从早上九点一直上课上到晚上九点，还曾经花三天记住了完全不是我专业的科目内容，然后去给学生上课。等反应过来的时候，我竟然已经成了一所专门学校的社会学主任，而明明是个非常勤职工，却还要负责其他老师的审查工作。

上野：欸？非常勤员工要做那种工作吗？真是难以想象。这完全就是走上了 20 世纪 90 年代推行的所谓"非全职的主干劳动力化"的路线了嘛。

水无田：是呀。所以说我工作的地方真是超黑心的。不过我最终还是想办法生存了下来，还养育了孩子。但我的丈夫恐怕并不知道这些都是我拼命努力的结果吧。我甚至请不到产假，孩子是在写文章的间隙生的，我实际的"产假"只有三天，并且几乎没有一天不在工作。

上野：这个呀，**除非你直接告诉他，否则他绝对不会明白。不要期待"不说他也能注意到"，那是不可能的。**不过，看着那些读东京大学的女生，我又觉得，她们能力那么强，又拥有极高的适应现实的能力，就算期待落空也总会想到办法的。如果没有这个适应能力，身心就会崩溃，这种孩子是不会去读东京大学的。但是，还是有不少人的确已经崩溃了。

这些能力出色的学生毕业之后进入职场，又过了几年，到了生育期，她们就会一副泫然欲泣的模样来找我，跟我倾诉自己的丈夫是甩手掌柜。我就问："那你有没有要求他去做些什么？"对方回答说没有，之前说过，但是丈夫不理会。

"那你和你先生的关系要怎么办呢？"听我这么问，她们会回答："已经放弃了。""那，你准备余生都和一个你已经放弃的男人一同度过吗？"听我这么问，她们就瘪着嘴哭起来。我告诉她们，**在育儿最艰苦、最紧张的时期，如果不能坦率面对丈夫，那他就不可能成为你育儿的战友了。**如果变成那样，那以后你就会永远对这件事耿耿于怀，不能原谅自己的丈夫，始终心怀怨恨，并后悔终生。

其中也有特别强悍的学生，她们是什么反应呢？她们老家那边有孩子的外祖母负责照顾孩子,自己也有赚钱的能力,这种情况下,丈夫的贡献岂止是零,简直就是负数,是负担。丈夫光是待在这个家里就是在拖后腿,既然如此,那还不如离婚算了——事情渐渐地就会走向这样的结果。

水无田:我在写下《单亲母亲贫困》一书时在想,那些能挺过困境的女性,应该很多都是因为(外)祖母那边比较给力吧。不过与此同时,我想,还能接受采访的人已经算是比较幸运的了,绝大多数人还处在贫困状态。单亲妈妈中有八成以上的人明明在工作,可其中的五成以上属于贫困家庭,这就是通过统计数字呈现出来的骇人状况。

这种困境,其实也是女性贫困问题,以及因家务、育儿等产生的时间贫困问题累积之后导致的结果。能泫然欲泣地出现在您面前的人,尚且还有泫然欲泣的余裕,不是吗?

上野:她们是在休育儿假,姑且做的是综合职。

水无田:啊呀,真好哇,能休育儿假吗?像我这种不合群的家伙,真的就是个踏上野蛮道路的"带崽母狼"一般的母亲了。

上野:出现在我眼前的也只会是那种能力出色的女性啦。就连那样的女性都在育儿期间被逼得走投无路,而在一部分案例里,这时的丈夫岂止是毫无育儿战斗力的,他们甚至有可能是家庭的负担,会拖后腿。所以这些女性中,有的人因为过劳累坏了

结婚由我

身体，有的人则累垮了精神。毕业后过了五年或十年她们回来看我，会告诉我，她们自己从外资企业辞职了，现在在做环保类的工作。

一边心怀怨恨，一边侍奉"公司村"老公的妻子们

水无田：在子女处在婴幼儿及学龄期的这一人生阶段中，会发生各种事。在此期间会有一些不满，一些生活上的互相磨合，如果夫妻没有一起解决这些问题，就会埋下祸根。

上野：您说得一点没错。在各个人生阶段中，孩子处在婴幼儿阶段的这一时期无疑是最难熬的时期。倘若丈夫在这一时期一点力都没出，那妻子一定会恨他一辈子。因为她们之后会一直把"你记得吗？你当时……"挂在嘴上，可以说一生都不会原谅丈夫了。

水无田：我叔母的情况和您说的一模一样。我想，如果在孩子婴幼儿时期没能好好互相扶持，那么哪怕在之后的人生里再去补救，比如送很多礼物，比如退休后夫妻二人一道去旅行，但对妻子来说，那也只能算是还了一点点利息而已，原本欠她的债一点都没有减少。

上野：所以我真的非常不理解，都到这种程度了，为什么就

不能再多逼一逼男人呢？我真是不懂。我在《女人们的生存战争》中也写到了，似乎在这些女性心中，她们的自尊很难接受把丈夫归为失败者。所以，不论能力如何出色，这些女性都还是要去支持丈夫。

水无田：原来如此。其实还是雇用方式，比如，不能进入"公司村"，就无法出人头地的这种雇用方式很有问题吧。

上野：没错。负责综合职的女性因为熟知"公司村"的规则，所以对丈夫怀有理解和同情，结果就越发地不再对他们有什么期待——就是这么一种恶性循环。

水无田：如此一来，夫妻之间就将永远无法沟通。

上野：是的，所以我才会说："你要是现在不去坦率面对丈夫，那接下来的一辈子，你都只能和一个被自己放弃了的男人过日子了，你能接受吗？""你觉得夫妻之间就是这种程度的关系吗？"于是对方就会被我说得快哭出来了。妇女解放运动那一时期的女性会更加紧逼男性，会一直威逼到底。

水无田：是吗？其实男人虽然嘴上总是郑重其事地说着"咱们商量商量吧"，但当逃兵的倾向很严重。想象得出，如果逼得狠了，有可能会把他们搞崩溃，所以她们才不那样做的吧。

上野：逼迫之后，被逼迫的那些男人中，除了一部分的确会改的男人，剩下大部分是没改的或者改不了的，于是女人就把这种男人抛弃了。所以啊,我周围的离婚者简直可以用"尸横遍野"来形容。

水无田:可能现在的孩子还是比较温柔的吧。

上野:这能称为温柔吗?这其实就是纵容配偶吧?还有,包括您在内的这些女性的能力都太高了吧?所以对待丈夫就像能干的妈妈一样大包大揽不是吗?这样的日本女性,总会从传统言论中找到一些安慰自己的话,比如"真是没辙啊,那就当家里还有个需要人照顾的大儿子好了"一类的。

结婚由我

不指望父亲，
转而依靠（外）祖母育儿

水无田：哎呀，这可太糟糕了。我在阅读育儿相关的国际比较的论文时，发现文中指出，日本是以母亲为核心，而父亲缺席的国家。为什么父亲会缺席到这种程度呢？在日本的各色育儿读物，比如《鸡蛋俱乐部》或者《小鸡俱乐部》等书中，都只是提到"请爸爸也来帮帮忙吧"的程度，也就是说，只会要求他们起点辅助作用而已。

后来我又读了一位美国著名育儿师写的书，里面提到小孩子出生后首先需要做什么。书中的回答是：**把孩子放在身边，和丈夫说说话。一定要体现出"现在我们之间还有一个孩子"这样一种崭新的夫妻关系，因为转瞬间一对夫妻就会开始以孩子为中心去生活。不知不觉地，他们变成了孩子的爸爸、孩子的妈妈，于是夫妻二人的关系就会逐渐疏远。**

上野：说得非常对，不是吗？

水无田：是的。不过，那本书甚至还写到了如果和代孕母亲产生纠纷，应该如何找到一个好律师去打官司一类的话题，我记得自己当时十分感慨，围绕着育儿的工作，甚至还会扩展到这种地步呀。

在日本，首先，对父亲的期待值是零。既然不指望孩子的父亲，那该期待谁呢？就该期待"孩子的（外）祖母来帮把手"了。所以一个家庭会对（外）祖母这一育儿资源抱以极大的期待，这种期待远超孩子父亲。

上野：不过，（外）祖母的力量有时可以借用，有时却不能。**而且一旦开始仰赖（外）祖母，孩子的父亲就会更进一步从育儿工作中撤退。**

水无田：当然会这样。看看我们家的情况，我母亲已经去世了，我的婆婆有慢性病，我们家处于育儿资源严重不足的状态中。考虑到现在的晚育倾向，婴儿出生时（外）祖父母的年龄有可能会更大，在很多情况下，反倒需要子女去照顾父母，而不是请父母来帮忙养育自己的孩子。此外，还有现居地和老家离得太远的情况。在我认识的一些做记者的女性中，有人老家非常遥远，于是就请母亲千里迢迢过来帮忙，在自己家附近买了房子给母亲住下。

上野：手握大量相关信息，连美国那边的案例都知道很多的水无田女士您尚且如此啊，听到这种情况，我真的只能用目瞪口呆来形容自己的心情了。

水无田：很悲哀，但这就是现实。我希望能尽量将丈夫需负责任的范围再扩大一些，时至今日仍在不断尝试说服他……

结婚由我

即便孩子出生,男人们的生活方式和工作方式也丝毫没变

上野:一个婴儿呱呱坠地,如果没人帮忙照顾,他连一天都没法活下去。眼前摆着这样的现实,那么养育他,就成了人生中最重要的课题。**不论男人还是女人,抚养孩子在人生的一段时期中一定是摆在最优先等级的。孩子要耗费很多心血才能被抚养长大。如此重要的时期,男人为什么就逃跑了呢?我也是真的不能理解……**

水无田:是啊,照顾孩子明明是理所当然的事啊。

上野:因为生育,女性的生活方式发生了变化。但是在中野女士的书中出场的大部分丈夫,他们的工作方式并不会因为生了孩子而改变,而他们的妻子却纵容他们这样做。我实在是无法理解这一点。

水无田:是啊。我也不想去理解这种事,但无奈的是,很多情况下,丈夫们就是你说了他也不听的。

上野:不不,不是说了不听,是要像那本美国的书里写的那

样，先要让丈夫面对自己。要做到这一点，需要把丈夫逼到墙角，逼到无路可逃，再掏出匕首逼着他面对自己。男人这种生物生性迟钝，你不这么做他们就不会懂。

水无田：无法达成沟通，于是就只能从物理层面下手，干脆直接把小孩和丈夫单独扔到一起去，是吗？

上野：我虽然没有做过母亲，但亲眼见过和我同时代的女性们如此同男性战斗的姿态。

我有个朋友就这样将丈夫一逼再逼，最后丈夫竟说出"不要用不该我负责的东西谴责我好吗？"这样的话来。

水无田：嗯嗯……这还真是很有代表性的一句话。

上野：她能逼着丈夫说出这样的话。他们之间的关系，竟然让丈夫倾吐到这种程度，我觉得很厉害。后面的一代代为什么不这样做了呢？我不懂。

水无田：因为道理都懂，但并没有去逼迫丈夫的空闲了吧。所以只能求着他们帮忙了。那种到了周日都不敢出门的妈妈是非常常见的。

上野：那请允许我再说一句。**对一个男人，你连把孩子单独托给他一天的信任都没有，你要和他结婚吗？这种男人，你要他做你的丈夫吗？这种男人，你要和他过一辈子吗？**

结婚由我

日本离婚率低，
并非意味着夫妻关系良好

水无田：正是因为这样的夫妻关系，所以才会出现中老年人离婚的情况，不是吗？

上野：这样并不太会导致中老年人离婚。事实上，中老年人离婚率增长得并不显著。

水无田：不过，也还要看之后的一代人会有什么变化吧。

上野：只要没能下定决心和男人一刀两断，以后也就只会一直维持着对男人已经"放弃沟通"的状态罢了。所以我认为，日本婚姻的维系，丝毫不能表现夫妻关系的良好。

水无田：您这话的确没错。选择"放弃沟通"，和丈夫像两条平行线一样共同生活……真是让人头晕目眩。

上野：**很多婚姻都是在夫妻双方，尤其是妻子这方"放弃"了的情况下持续下去的。**

水无田：之前我遇到过一件蛮震惊的事。当时我的孩子还没满一岁，我进了母婴室，发现里面还坐着一位抱着宝宝的女性。

然后一个看上去五六岁的小男孩突然跑进来，对妈妈说："妈妈，是蟑螂。"我在一旁听到的时候，以为屋子里有蟑螂，结果，紧接着那一家的丈夫带着一脸"哟！让大家久等咯！"的表情冒了出来。我当时心想，哦哦，这一家人在爸爸不在家的时候，都会喊他"蟑螂"啊。

上野：也就是说，这位女士是和蟑螂做了夫妻？

水无田：她可能心里是那么想的，但却不会离婚。

上野：和一只蟑螂做夫妻，而且还不愿斩断和他的关系，这种女人究竟是怎么回事啊……

水无田：是为了保障生活以及社会地位吧？

上野：这些真的有那么重要吗！

水无田：有的吧？毕竟关乎生存。我又想起一段我个人的经历。在一节空车厢里，有三个中老年女性坐在我附近聊天。除我和她们之外再没有其他乘客了，于是其中一位女性大声说："她老公啊，刚退休就死了。""哎呀！"另外两人应着。我以为她们接下来会说"太可怜了……"之类的话，结果她们说的是："真羡慕啊。""多理想啊！"我觉得这种女性真的蛮厉害的。

上野：会说这种话的人，其实也是在作茧自缚啊。我真的很想问问她们：你和一个男人做了夫妻，然后天天盼着他快点死，你这人究竟怎么回事啊？这样和贬低自己有什么区别呢？

水无田：是呀。不过随着压力逐渐积攒下来，我去读了苏珊·霍洛威①写的一本研究贤妻良母的书，里面有谈到"不帮忙育儿的丈夫"的话题……

上野：停停，您的这个表述可不对。怎么能说是"帮忙"育儿呢？那可是孩子的父亲啊。

水无田：哦哦，是这本书中用了这样的表达——论"不帮忙育儿的丈夫"……

上野：这种"帮忙"育儿、"协助"育儿的说法，真是不可理喻。但是当事人又根本没注意到有什么问题。

水无田：嗯，您说得的确没错。这本书中的一节还提到，日本的女性没有把问题归结到丈夫长时间工作的情况里，只会一味地对丈夫施压。这种怨恨并没有注意到社会结构的问题，只是把一切都归结为丈夫的懒惰以及性格问题，并因此不停蓄积着仇恨……

上野：在注意社会结构的问题之前，得先解决丈夫的问题。如果觉得社会结构有问题，就应该和丈夫并肩战斗！

---

① 苏珊·霍洛威：加利福尼亚大学教授，著有《少子化时代的"贤妻良母"》一书。

日本家庭中的夫妻没有沟通，但却会再生产

水无田：听到您刚才这段话，我在想，那些能力出色的女性，可能反而是因为想象得到社会结构和雇用方式是什么样的，所以才选择不对眼前的丈夫发火和施压，而是自己承担了问题。这可能就和"育儿假"一代人的两难处境直接相关联。

上野：请您告诉我，究竟为什么要"承担"？因为承受能力强？

水无田：可能是涉及沟通，或者说出于进行交涉取得成功的成本，以及与之相称的成果之间的考量吧。如果把成本和成果放在天平上的话，会发现还不如放弃沟通，自己来做，反倒更快些。虽然这种想法并不好……

上野：不过这样一来，久已有之的日本夫妻关系就会不断再生产出来。一个女人挂着恋爱的名号，自负责任选中了一个男人，结果却和这个丈夫连最基本的沟通都没有，这样的女人又要如何和自己的孩子坦诚相见呢？

水无田：所以就会造出一些母子关系密切，但是和妻子不沟通的丈夫吧。同时，也会造出一些把丈夫所说的话全听进耳朵，全盘接受下来的妻子。

上野：这种再生产真是太差劲了。我已经是个老年人了，可是听了年轻人讲这些话题，我总是会目瞪口呆。

水无田：我也会告诫自己，不能只是偶尔把孩子直接甩给丈夫就算结束了，还要再多做一些改变才行。

上野：这不正是您读过的那本美国育儿书所说的吗？最重要的是，把孩子放在一边，和丈夫说说话，不是吗？**不过如今很多人还是遵循着旧有的习俗结婚，认为就算没有沟通能力，也能做夫妻，也能做父母。**

丈夫这种生物，
方方面面都很迟钝

水无田：不过，我偶尔也遇到过不逼一逼丈夫就不行了的情况。我们曾经在电车里大为光火地吵了起来。一切重担都压在我身上，可丈夫当时却满脑子想的都是自己上课的内容。

上野：在男人的意识里，自身利益优先，这是理所当然的。

水无田：男人一旦注意起工作来就听不进去你讲的话了。

上野：男人自己觉得自己这样没什么，周围人也都纵容他。

水无田：不单本人有问题，他周围纵容他的人也很有问题。

上野：是的，所以说都有责任。**男人这种生物很迟钝，说了都不见得懂。**不过，不说就一定不懂。这是理所当然的。

水无田：该说他们迟钝呢？还是说，他们认定"只要把工作做好，接下来的所有事情都能迎刃而解"的时期太长了呢？

上野：您也是一样吧，在生育之前，您应该也是一心扑在工作上的，对不对？生了孩子之后，您自身可以说是瞬间就做出了改变，对吧？

结婚由我

水无田：是啊。我这个人，说直白点，脑子就是大叔脑，最爱工作。我这样讲有些不太合适，但我觉得虽然孩子很可爱，可是能离开孩子去工作的时间对我来说真的非常珍贵，非常幸福。

上野：那当然了。可是现在，您人生中摆在最优先级别的是育儿，没错吧？

水无田：没错。

上野：做了父母，把育儿摆在首位是理所当然的。就是因为有这样一段时期，所以人类才能够好好把孩子养大。这种为人父母者身上理应产生的变化，为什么在当了父亲的男人身上就没产生呢？我真是搞不懂。

水无田：这种情况一直在反复出现。从您指摘"美龄论争[①]"的时候开始就是如此……

上野：我一直一直在强调这件事啊，我也期待男人能多少做出些改变。早在"家庭煮夫"流行起来之前，为了能坦荡直面自己的妻子和孩子，育时连[②]的男性们明知对自己不利，但还是主动选择更换工作，或选择出勤时长更短的工作。

水无田：**为了孩子改变工作或工作方式啊。一般经历了结婚**

[①] 美龄论争：围绕歌手陈美龄带着自己刚出生不久的宝宝去电视台工作这一举动掀起的"携子出勤论争"。赞成方和反对方各执一词，激烈论战。

[②] 育时连：为了实现"男性女性都应该拥有育儿时间"这一要求而诞生的组织。

和第一个孩子出生之后，女性正式员工中有 75% 的人会将工作方式改为兼职或外包，或者直接辞职。反过来讲，女性这样变，就意味着男性没有变，对吧？

上野：您说得一点没错。

水无田：我们家属于比较罕见的情况。我们夫妻双方都属于非正规雇用员工，既没有育儿假也没有产假。我生完小孩一个月后就回去上课了。我甚至都不记得那段时间的事了。

上野：因为那阵子实在太累了，所以就全忘记了吧。您丈夫知道自己的妻子身处那种状态之中吗？

水无田：我们商量过，结论是写下育儿日记，共享信息。育儿日记上每一天都标着时间刻度，什么时候喂奶、什么时候大便、大便形状等，还写了睡眠时间是几点到几点，然后还必须记录一下我们双方都在几点干了什么事。

上野：看上去像护理记录一样。

水无田：结果明显是我做的记录要比他多得多。这个记录其实就是帮我检查我丈夫都做了什么，然后我不在家的时候也得要求他必须读一读这个记录，照着我的要求去做事。时至今日还是如此。到最后，我对他说什么都比不上孩子说一句"最喜欢爸爸"。听到孩子这么说，他立马就会改。

上野：其实就是，没有回报就不行动，对吧？

水无田：原来是这样。那是需要回报的啊。对呀，因为我说的那些都不会给他带来回报嘛。

上野：没错。因为孩子的笑脸是最大的一笔回报。因为有回报，所以才会有所行动。日本的父亲们很喜欢陪孩子一块儿洗澡、一块儿玩耍，总之就是在育儿过程中比较有"投机取巧"的倾向。

水无田：该不会……我想到了那些平时连周日都不敢把孩子托付给丈夫的女性，如果她们的孩子在爸爸要来接手带自己的时候逃跑，哭着喊妈妈，那就……

上野：没错，到那个地步，一切就都来不及了……

水无田：来不及了啊。

上野：真的一转眼就来不及了。一旦太迟，爸爸的形象就是"蟑螂"了。

无法见证子女成长的父母们

上野：大部分男人估计都没能亲眼见到自己的孩子第一次独立站起，第一次开口说话吧？因为他们在工作。不过，这么说来，在工作的母亲们也是很难受的。

水无田：是啊。因为看不到啊。孩子有育婴师或者保育员看着。不过，我本来觉得这样父母应该心里挺难受的，但询问了双职工家庭的夫妻之后，我发现年轻的爸爸们对待这件事反而还挺冷静的。他们会笑着说，有人帮宝宝练习如厕，日常的所有事都能委托出去，这样特别方便。好像没有什么人表示这样心里会有点难受。

其实，等孩子要上小学一年级时，就没有国营的那种可以暂时托管的保育所了。虽然有学童保育所[①]，但是我家的孩子没能进去。我们是入学前三个月搬的家，没能赶上办手续的时间。学童

[①] 学童保育所：基于儿童保护法而建立的公益组织，为家长工作繁忙导致放学后"无家可归"的孩子，提供一个放学后学习、游玩的地方。——译者注

结婚由我

保育所这边，今年（2015年）也是突然多了很多人报名。

上野：小孩子的数量明明在减少，可是待机儿童[①]的数量却一直在增加。

水无田：是的。全职工作的母亲增加了太多，也没人想进PTA了。第一次监护人会议也有不少人缺席。可不去参会的话，很多比较细节的内容又没办法了解……双职工家庭增多了，大家虽然没办法出席白天规定时间内的那种监护人会议，但如今所有信息都可以通过邮件传达，这样父母双方就能共享信息内容了。

---

① 待机儿童：指虽然满足进入保育所的条件，但因为超出名额上限等原因无法入所的儿童。

关于共同保育的尝试

上野：关于保育所的问题，过去其实要比现在更严重。我们那一代遇到没有保育所的情况，就会选择"共同保育"，租个房间，大家一起凑钱雇一位保育员。学童保育所也是一样。

水无田：有点像"父母保育所"了，法国那边好像有这种制度？

上野：您说的应该是"day mother[①]"，那是另外一种制度。

水无田：保育妈妈是吧？不过也有一些父母保育所是这样的，和附近的邻居一起开办的那种。

上野：我指的共同保育，就是没有任何制度上的保障，由一些父母自发组织的保育行为。把孩子暂存在别人家可能会发生事故，一旦出现问题大家都会很头疼，所以才有了enfant保险[②]。

[①] day mother：将孩子放在自家，在家中进行保育活动。day mother在欧洲十分普及。

[②] enfant 保险：enfant 来自法语"les enfants terribles"，指可怕的、让大人感到威胁的小孩。此保险是一种儿童保险。——译者注

初次同保险公司交涉，令 enfant 保险商品化的人，是社会营销员泽登信子女士。这种保险也算是一代人的遗产了。

水无田：我也想过，要是把孩子寄放在朋友家，弄坏了人家的东西怎么办，所以也想买保险呢。我家小孩动作比较激烈，所以我很畏惧把孩子寄放到朋友家……不过如果有这种制度的话，我很有兴趣了解。

上野：最好是年龄相近的孩子们的父母在一起做这件事，这样会相对容易些。不过，共同保育对父母的参与性要求很高，毕竟每周有一天是要投入其中的。然后呢，共同养育者们会从内部产生分裂，会分裂成理念尊重型，即夫妻双方都想要更深入地参与养育、想要共同去抚养孩子和只想把孩子托管出去、自己尽情投入工作这两种类型。

水无田：这就和对保育所的需求明确分成两类是一样的嘛。会把小孩交给保育所托管的双亲的阶层，被明确分成了职业女性阶层和低收入阶层这两种。而随着能托管到傍晚五点至六点的幼儿园数量增加，处在中间阶层的人就不会选择保育所，而会选择利用幼儿园的托管保育业务。保育所的需求就这样随着父母阶层的不同，明确分成了两类。

感觉我似乎一个劲地在聊保育的话题。真是抱歉，我在养育子女这方面的确很有兴趣，而且这也是我自己正在面临的问题。

上野：因为你现在正是处在育儿一线的人，所以对这个话题最关心。

水无田：前面我也稍微提到过，我们夫妻都是非常勤讲师，所以一到节假日就要去上课，就会非常头疼，不知道该把孩子寄放在哪儿。我简直想拦住一个文科省的高官，花一小时解释一下我们的窘状。

而且我们也没有临时保育所。比如，一部分大学会在校内提供一个节假日用的保育所，但他们不接收就学儿童。因为我们节假日要上课，所以需要把孩子托管出去，可没有这种学校能提供服务。厚生劳动省虽然提倡要保证休假，要增加休假时长，可是文科省和厚生劳动省在做的事，又不知为何总是非常分裂。

结婚由我

避讳烦琐的人际关系，以及红白喜事的商品化

上野：在向制度寻求救济之前，为什么大家不先共助呢？我内心对此感到疑惑。待机儿童的问题就是一例，在我们那个时代，谈及待机儿童问题之前，大家就会选择共同保育这个方法。

水无田：从我本人的情况来看，我的孩子还处在婴儿阶段的时候，我要频繁去夜间专门学校上课，所以和通常的保育时间对不上，于是会使用附近一家国营的临时保育所。当时那个保育所可真是帮了大忙。倘若没有这一服务，我当时可能会考虑共同保育这件事吧。可是，毕竟一般工作者的保育时间都不同，这一点恐怕很难调和。我猜测，在过去，有同样问题和需求的全勤工作者们，反倒比现在更容易聚到一起。然而现在很多职场变得更为松散，加之一些兼职或非正规雇用的增加，越来越多的人工作背景都不尽相同，而且现在大家对触及私人生活这方面有很强的禁忌意识，这几点同时起作用，所以大部分人才没有选择共同保育这种方法吧。

上野：选择共同保育的父母，他们的背景也有极大的多样性，所以就您提到的这前一点，我认为并不准确，但后一点我很认同。

眼下，做搬家业务是非常赚钱的，对吧？相关从业者也在增加。但在过去，搬家和葬礼其实是给自己拥有的社会关系资本，也就是人际关系来了一个总动员。但放到现在，搬家和葬礼都是商业行为，可以用钱去解决了。我能明确感觉到，我们的下一代从精神上极度避讳烦琐的人际关系。

水无田：对对。就是不能白白接受帮助，还得还人情。葬礼也是这样。我感觉这其实已经变成了一个沟通上的问题。

上野：没错。但是通过礼尚往来，却能得到花钱买不来的"关系"资源。但是在我们下一代的眼中，"麻烦"就成了一个关键词。比如，请别人帮忙搬家，会想"之后会不会有什么麻烦啊"一类的。包括一些人在评价性行为时，也会用"麻烦"这个词。

水无田：因为性行为属于一种和沟通有强关联的行为，所以的确麻烦。

上野：要是连性行为都觉得麻烦，那还有什么是不麻烦的呢？所以"麻烦"成了关键词，然后人们开始用钱去消解这种麻烦，是吧？搬家的钱再高其实我也付得起，但我会有意去请朋友来帮忙。当然前提是大家互相也都知道搬家的麻烦。等搬完了家，我们就一起去吃个鳗鱼庆祝吧。

水无田：搬家、葬礼还有结婚典礼的互助会，大概都是在20世纪70年代创立的。所以20世纪70年代既是日本型的家庭关系建立的时期，也是地域共同体解体的时期，是付钱在互助会一类的地方办结婚典礼或葬礼的时代的开始。

上野：没错。也就是红白喜事商品化的时期。

水无田：是的。然后就一路到了今天瑞可利集团[①]旗下的结婚情报杂志 Zexy（《皆喜》）的那种程度。

上野：说直接点，就是这样。

水无田：的确，一直到二战前，葬礼都不是自己出钱办的仪式，而是举全村之力去做的，死者家属其实不需要花费什么。因为是大家一起为死者做法事，所以也就不会被追着要什么昂贵的戒名费。一到我母亲的×周年祭日，做法事那边的人就说，得给死者的戒名再添一个字，并且要求我们付很高昂的戒名费。我父亲在母亲生前什么都没为她做过，可能是出于内心的愧疚吧，每次人家一开口，他就会很听话地付钱。

自20世纪70年代起，有一个情况变得显著了起来，那就是一些过去不需要花钱的方面开始不断商品化，于是就需要花钱

[①] 瑞可利集团：日本最早的猎头机构，主要经营求职广告、人力派遣、销售促进业务等。——译者注

了。这些都是以地域共同体的解体为前提的。

上野：的确如此。用商品取代了共同体。

水无田：或许是我们这一代的人习惯了商品经济的逻辑，于是逐渐开始对交流产生了生疏感吧。

结婚由我

厌食症和自残行为为何会在20世纪90年代急速增加？

上野：不单对交流感到生疏，而且有避讳的倾向。这些交流中最麻烦的就是性行为以及亲子关系。性行为呢，只要想避开就能规避掉。有很多人嫌性行为麻烦，所以不愿意去做。既然如此，那不想去做可以不做。就算没什么交流能力，也一样能发生性行为，没有交流能力，也一样能做父母。但是，唯有亲子关系是无法避开的。

我长年从事教师这一职业，目睹一代一代孩子的变化。有时候，我会对孩子的世界发生了什么感到十分恐惧。

水无田：恐惧？

上野：没错。我会想，这究竟是发生了什么啊？有时候，我会觉得孩子们坏掉了。

水无田：怎么样地"坏掉了"呢？

上野：孩子的自残行为增加了，并且心理方面的心身疾病也增加了。

水无田：差不多在我们那一代，班上基本会有一个人割过腕。

上野：这种情况大概从20世纪90年代开始急速增加，从感觉上就能如此判断。

水无田：在我的印象中，一堂关于衣食住行的课程结束后，回收的反馈单中"饮食"这一栏里，一般每五十个女学生中就有一个人会写自己有进食障碍。媒体在这方面也有责任，对肥胖心怀厌恶感和压迫感的女性人数增加了。

上野：我觉得东京大学的女学生里，每五十个人中应该有不止一个人是吃完东西要催吐的。

水无田：是吗？也就是说，升学偏差值越高，这种倾向越严重？

上野：是有这样的说法。

水无田：因为心里太难受了，所以在反馈单一类的东西上也要倾泻自己的情绪。因为情绪已经被催逼到了不写不行的程度。而比这种程度略轻的孩子，人数还要更多。

上野：我想说的是，**夫妻关系其实是一种成年的男女关系，夫妻之间互相有什么亏欠，都可以说是自己的责任。但是小孩子是不能这样的。如果大人没有善待自己和孩子之间的关系，最终被坑的只能是孩子**。和孩子之间的关系可不是光有"麻烦"就能解决的。

水无田：的确,您说得没错。

上野：我想,最麻烦的关系其实就是大人和孩子的关系了。它恐怕要比成年的男女关系还要麻烦。因为双方都无处可逃,无处可藏。我看到其中一些孩子就那样被毁了,于是必然会想到,这一定是日本的家庭发生了某些异变而导致的。

第三章

不婚时代的家族肖像·亲子关系的真相

结婚由我

想要催婚，
那就切断粮道

上野：日本的夫妻之所以能把婚姻维系下去，并不是因为他们夫妻感情好，而是因为男女双方都是带着已经"放弃"彼此的态度一起生活的。是放弃丈夫的女性和迟钝的男性搭伙过日子，仅此而已。如此想来，结婚率没有提高的原因很简单，因为结婚实在是一点都不值得羡慕，就这么简单，不行吗？

水无田：是啊，别管人家那么多不好吗？

上野：就是，不结婚有什么不好呢？说到底，结婚不就只是个人选择而已吗？山田昌弘说过，想催婚应该怎么做呢？应该切断粮道。

水无田：这可真是够直接的。

上野：就是把孩子从家里赶出去，使其在经济层面上出现紧缩就可以了。因为比起一个人，两个人在一块儿更容易活下去。

水无田：我们俩其实就是为了这"粮草"结婚的。

上野：所以说他的说法是有凭证的。

水无田：不过要说是否更容易生活呢，那是另一码事了。

上野：如果没有小孩，只有你们二人，应该还是比较轻松的吧，是因为生了孩子，生活被打乱了，才会觉得活得艰难了。

水无田：是啊，您说得没错。托您的福，我感觉自己对眼下的一些社会问题看得更清楚了，这可是好事。

上野：啊呀，但也不知道是您自己想看，还是被迫看的。

水无田：不过，倘若我存在于一百个平行宇宙中的话，那剩下九十九个宇宙里的我应该都不会生孩子。所以，就当身处这一世界的我是来参与观察母亲们的世界的吧。我就靠着这种想法，每天都在观察那些妈妈。

上野：不愧是社会学者。也可能您不这样去想的话，是很难坚持下去的吧。您的人生似乎没有按照规划去走呢。

水无田：一点都没有，我就是随波逐流地活着的。

上野：这一点我也深有体会了。不过能随波逐流地活下来，从某种意义上讲，说明您在成长中还是很受幸运照拂的。

水无田：有可能吧，至少体力和耐性还可以。

上野：您对这些比较自信？要是用这些给丈夫免责，那就进入恶性循环了哟。

水无田：是呢。如果我不是个这么有体力和耐性的女人，我们两个非正规雇用员工根本没能力生孩子、养孩子，但这件事

（我丈夫）根本不懂。

上野：这也因为您碰巧是个非正规雇用员工。倘若您是一名受正规雇用的大学教员，那么作为一名高学历女性，您就会在政府设立的"2020年占指导性地位的女性比例要达到30%"的目标——"2030计划"中，进到那个所谓的"30"里。所以无论您是否属于正规雇用员工都挺头疼呢。

水无田：是啊，都挺头疼的……

会对不婚、少子化感到苦恼的只有财界而已

上野：所谓人口现象，其实就是个别的行动累积起来形成的一种现象。每个人都是通过个人意志自发去做决定的，不能硬逼着人去结婚，不能硬逼着人去怀孕。嫌结婚太麻烦，于是不婚者人数增加了，这也是自然的。要不是非去努力阻止不婚的发生，倒也不会出现这种结果。

那些觉得沟通很麻烦的人不去结婚，就意味着不想沟通就结婚生育的人数会减少。从结果来看，这样对诞生于下一代的孩子来说其实是好事。我认为那样的人不做父母其实更好。

水无田：我觉得您讲得很通透，而且我也大致赞成您的说法。我想起前面谈到的那个说小孩子不属于市民，所以不该来的老大爷，当时听他说要我滚出去的时候，我有一瞬间的想法是，抱着再也不会来了的决心，直接驳倒他。

上野：对啊，明明该打败他的。

水无田：但是那个老大爷旁边坐着的人好像是他太太，那个

阿姨在发抖，而且紧紧地闭着眼。我当时突然意识到，啊呀，或许这个老大爷把太太带到这种地方来，是想逞威风的。这种人对不认识的女性都能这样发火大吼，那平时在家里该是什么样子啊？

上野：应该会更过分吧。

水无田：我也是这样想的。可能我当场把他驳倒后，他回家就要家暴妻子了吧。于是我就放弃了这个想法，没有作声地带着孩子离开了现场。

上野：是出于对那个妻子的恻隐之心……

水无田：刀下留情了……"为了他的妻女"一类的感觉吧。

上野：您明明是个武斗派的呀，把他论个鼻青脸肿才对呢。

水无田：不，我当时想的是，要是当场把那个老大爷击溃，上了明天的新闻该怎么办呢……然后，我刚才听了您的话意识到了，或许那种老大爷不结婚，保持一辈子单身更好吧，就算不婚率上升了，也依然是让他单身对这个世界更好。

上野：就是啊，那样不是挺好的吗？所以说，不结婚，那又如何？这样究竟有什么问题？我想起社会学者赤川学写的一本书，叫作《孩子变少了，有什么不好吗？》，这本书谈到结婚率降低了，孩子变少了，谁会头疼？其实嚷着"真头疼，真头疼"的，只有财界而已。

水无田：人口规模问题，会让直接背负国家财富观念的人感到头疼。

上野：国民经济规模缩小，只出于这么一个理由而已。那么就换个挡去适应缩小的经济就行了啊。但是有些人不会那样做，不愿意那样做，只有他们在嚷"头疼，头疼"。为了让这些家伙不"头疼"，就让年轻女性扛起养育子女的负担吗？这是没道理的，一点都没有，丝毫都没有。再没什么好说的了，就这样。结束。

结婚由我

"整整三年尽情围着孩子转的育儿假"是一种拒绝女性回归职场的政策

水无田：在2013年的成长战略讲话上，安倍晋三首相提到了"整整三年尽情围着孩子转的育儿假"，那个说法真是想起来就想笑，真是离谱的意见。

上野：不不，我对这件事的态度其实更严肃，不能简单用"想起来就想笑"这个轻松的说法去形容。

水无田：是吗？

上野：这么说吧，如果真的有三年的育儿假，你会很希望去休这个假吗？应该不会吧？

水无田：不会的。毕竟要在整整三年间全面担负起地域和家庭的看护工作，这样一来，想回归社会是不可能的了。

上野：对吧？女人在那一时期需要的明明是育儿假结束之后的保育服务，结果这个政策却仿佛是在宣布："从小孩零岁到三岁的这段保育成本最高的时期,我们是不会提供支援的。"我的解读就是这样。

水无田:加之,还存在当事人将女性问题大事化小的情况,这个问题也很严重。我很想提及两个方面:一是,将女性从正规雇用职位上赶走的损失实在太大了;二是,就不准备向着让男性也参与育儿的方向进步了吗?

上野:从国家行政的层面上看,根本就没有想要改变的意思。他们只想把女人们用完就扔了,这种念头实在太明显、太露骨了。

水无田:属于将"2030计划"量化了。其源头大概就是《内罗毕战略》(1985年)吧,意图将女性中处于指导性地位的人数提升至三成以上,再加上国联于1995年召开的世界女性会议提出的战略,所以前首相小泉就提出了一个30%,然后安倍首相只是延续了这个思路。

结婚由我

十来岁青少年的
妊娠率及堕胎率在增加

上野：与其说是在问想结婚还是不想结婚，不如说国家希望大家结婚的本质，是希望大家多生孩子。

水无田：没错。对非登记婚姻的伴侣很难生孩子的情况，政府根本没什么想要改善的意思。

上野：政府真的就只是想着多生孩子啊。现在结婚的前提都是为了生育，所以只是按顺序先结婚罢了。就算在结婚上出现状况，但只要能生孩子，一切就完全不成问题。

水无田：可是却又没什么干劲呢。

上野：所以说啊……其实只要营造出一个无论在何种条件下生下孩子，都能安心抚养他们长大成人的环境，那么想提高新生儿数量的条件如今也还是具备的。毕竟十来岁青少年的妊娠率在增高，堕胎率也在增高。

水无田：从全部年龄层的总数来看，出生率是在降低的，但只有十几岁这一档微微上升了。

上野：最近有略微降低的倾向，不过并不是说这个年龄段性行为的频率下降了，而是避孕措施做得更好了。

结婚由我

共同监护的
问题点

水无田：有一件事，我自己也没能想清楚答案。日本应该承认离婚后的共同监护权吗？现在日本是只承认单独监护权的。

上野：说场面话是支持，但真心话其实是不要吧。

水无田：为什么？

上野：讲场面话就是，父母明明是两个人，却只承认单独监护权，这从逻辑和理念上都说不通，而且可能会为父亲免责。而在此之前，单独监护权还有着更为本质且深刻的问题，它是从"孩子属于家庭，是家庭借了个肚子生出来的"这种思想里产生的。一直到20世纪50年代，夫妻离婚时，获得监护权的人里有九成是丈夫。

水无田：是啊。因为在当时的家庭制度中，有抚养能力的是男性。

上野：不过虽然判给男性，实际去养育孩子的仍是丈夫的母亲，是祖母在出力。随着核心家族的普遍化，祖母逐渐难以出力帮忙养育孩子，于是男人便简简单单地放弃了争取监护权。在过去，离婚就意味着女人要把孩子留下，离开婆家。也就是说，离婚意味着母子不得不分离。所以这实际就成了抑制离婚的一股力量。母亲不舍得和孩子分开，于是只能忍耐。

水无田：1965年，母亲取得监护权的人数超过了父亲，但那一年，也有没争得监护权的母亲只能偷偷地看一眼孩子。而就这一情况，法院却下判决说，不允许母亲和孩子有交流。

上野：多亏了监护权开始向妻子这一边推进，所以才产生了巨大变化，女性离起婚来更简单了。只要能争到孩子，女性做好了经济上会吃苦的心理准备。她们会积极争取不和孩子分开。可与之相对地，男人们就会轻而易举地抛弃孩子。

而这样的单独监护权就算为丈夫免责了，所以从理念上讲，应该支持共同监护权。而且国际上的发展趋势也是向着这个方向进步的。可是从实际情况来讲，实行共同监护权，男人也一样啥也不干。根据经验一想就能认识到。

这个问题在《海牙公约》[①]上也有体现。《海牙公约》中指出：无论是女方将孩子从对方国家带走，还是男方将孩子带走，其配偶都可主张自己的权利。那么如果承认了共同监护权，就该要求

---

① 《海牙公约》：国际婚姻中涉及争夺子女监护权的民事条约。该条约的目的是防止儿童被非法带走。

对会面权和居住地的限制。从那些已经承认了共同监护权的国家发生的各种状况来看，是会出现很多问题的，如在会面时，丈夫对孩子实施性虐待等。

水无田：我和您的意见基本相同。从我所见所闻的那些实际的离婚案例来看，有一些方面是难以理解的……直截了当地说，如果你的配偶不是一个能让你去设想婚后生活的人，那争取共同监护权就不太可行。可是，选择离婚的夫妻绝大多数是到了最后也没能有效沟通的两个人。说到底，要是一个家庭在夫妻离婚后还能以家人的身份坐在一起好好商量的话，那一开始也就不至于离婚了。而这种沟通不足的情况，在男性身上要严重得多。

我经常听到一种说法，声称"离婚会拆散家庭，所以要反对离婚"。但从实际情况来考虑的话，现在日本的离婚（如果有孩子）其实是"举家把父亲抛弃了"。我在写《单亲母亲贫困》那本书的时候采访过的女性们，选择离婚的人们几乎是异口同声地告诉我："离婚之后，我们一家变得幸福了。"

上野：您说得一点没错。我一听到"fathering（父养）"这个词，内心就会产生戒备，这群主张父亲权利的美国男性所做的，真的全都是些无关紧要的事。比如，硬要行使会面权，逼着不愿意见自己的孩子见面，一旦对方不见，就要施加惩罚，不再给抚养费什么的。

说到底，我根本不相信有"母亲给不了，只有父亲能给的抚育"。玛萨·艾伯森·法曼曾写道："育儿只需要 mothering（母养），而不论男人女人，都可以做到。""Fathering Japan[1]"的创始人安藤哲也先生也是认同这一观点的。

水无田：原来如此。父亲的权利是吗？其实母亲之所以能够得到孩子的养育权、监护权，单纯是因为男性没有养护能力罢了。仅从核心家族化这种家庭类型的变化来说，其实女性的权利和自我主张并没有变强。

上野：不仅如此，还有女性因不愿离开孩子而产生的权衡心理。所以离婚难度下降的条件之一，就是妻子一方取得单独监护权的可能性更大了。在丈夫取得单独监护权的时代，本来养育孩子的也一样是妻子，就算把孩子留下，负责抚养的也是丈夫这边的祖父母喽。

水无田：是呀。孩子属于家庭，所以是祖母将儿媳妇赶出去，把孩子留下，并操控起了此后的家庭生活。

上野：没错。所以其实是妻子争得单独监护权对女性来说才更好，不是吗？那些嚷着父亲也有权利的人都做了什么呢？不过

---

[1] Fathering Japan：以推广"享受父亲的身份"为目的的非营利组织。

是拿抚养费当幌子，要求会面权罢了。

水无田：也有不少人因为不想让配偶看孩子，所以就拒绝了抚养费。这种人是有经济能力的，在金钱上没有太多烦恼。

全社会都需要为育儿支付费用的国家

上野：不在个别的亲子关系范围内向父亲索要抚养费，转而寻求社会层面上的育儿支援——这就是"儿童补助"制度。民主党首次提出了普遍化的儿童补助。当时承诺的补助金额是二万六千日元，不过实际额度是有减少的。

据我所知的情况，以瑞典的儿童补助为例——虽然数据略有些早了，在20世纪80年代，他们的补助金额约为七百克朗。换算一下大约就是七万日元。这笔钱会一直付到孩子满十八岁。这样算来，一个孩子是七百克朗，三个孩子就是两千一百克朗，约为二十一万日元。所以，国家会拿出二十一万日元的工资给三个孩子的母亲，支持她抚养孩子。不过现在可能会有所减少。

德国政府则会对家中的第三个和第四个孩子再多付一笔补助，所以是孩子生得越多越富裕的。在德国，如果一个单亲妈妈有四个孩子，甚至经常会冒出一些想靠着她的儿童补助生活、请求和她结婚的人。所以这种制度是由整个社会全体来分担育儿的。

而且这笔钱不是"育儿补助",而是"儿童补助"。也就是说,前者围绕的是养育孩子的父母,是从"保障他们不会失去育儿期间本应从工作上赚得的金钱"这个观念出发的。但"儿童补助"围绕的则是养育儿童的权利,意思是在这一制度下,国家会负责保障养育儿童的权利。也就是说,是父母从社会那儿暂时接管了孩子。发放儿童补助,意味着国家也有权干涉父母。如果父母对儿童补助使用不当,国家是有权介入的。

我觉得这样做是很有必要的。比方说,孩子每个月手上都能拿到七八万日元,这样的话,一旦他觉得自己的父母虐待自己,难以忍受,他就可以拿着这笔钱跑去水无田女士家,说"我要做阿姨的孩子"就可以了。

据养育了残疾孩子、自身也有残疾的安基游步女士说,自己的孩子每年会拿到残疾人年金,这就好像是在从国家那里领工资一样。她还说:"不应该只有身患残疾的孩子,而应该是所有的孩子都能拿到工资才对啊。"毕竟是国家禁止十四岁以下少年儿童出来工作的,既然禁止了,就有义务保障孩子的生活啊,不是吗?

水无田:这样啊,也就是说,孩子都应该拿补助才对,是吧?

上野:这么算的话,如果家里有三个孩子,就能拿二十万日元左右。这可能要比眼下的非常勤工作更好吧？

水无田：是啊，能拿到这么一笔钱真好啊！

上野：您不觉得，仅仅是这种程度而已的事，国家是应该去做的吗？我想起一件特别好笑的事，我曾经对某个经营者团体讲了咱们前面谈到的这些话，于是那些年轻的经营者你推我搡地说："喂，我说，这制度可是更方便你'上车逃票'了哟！"于是我心想，哦，这帮家伙真够聪明的，并回答道："对，说得没错。这个制度就是为双亲之中的男性一方免责的。不过它虽然为个体的男性免责了，但并没有从群体上为男性免责。所以最终还是要由诸位来缴纳税金的哟。"

假如每个月是由丈夫付这七万日元的抚养费，那它就是一笔个人付出的钱。然而一旦变成国家来付，那就是没有写具体名字的一笔钱了。对女性来说，绝对是后者更好。

水无田：没错。日本的单亲妈妈中，真正能拿到抚养费的比例非常低，而且能持续拿到这笔钱的人还不足两成。我在写《单亲母亲贫困》这本书时，最难受的就是要聆听妈妈们倾诉那些废柴男人的废柴生活状态。一边听那些单亲妈妈讲述，我心里一边想着，和这些男人怎么可能沟通得了呢？那么既然如此，与其从已经离异的前夫那里拿钱，的确还是从国家那里拿钱要更好吧。

又或者像您刚才说的，领儿童补助。这个不仅瑞典有，丹麦也有。需要从父亲那儿征收的抚养费,也不是从个人那里,而是从国家那里领。为什么日本就做不到这些呢?

上野:就是呀。其实由国家来强制征收抚养费就好了嘛。为什么日本就是做不到呢?如果是发自真心地在思考解决少子化的策略,那做不到这个程度怎么行呢?日本社会真的很溺爱男性。我认为,只要国家没有去支援单亲妈妈们,那他们的所谓认真解决少子化问题的态度就不可信。

水无田:是的。我也是带着这个想法写下《单亲母亲贫困》的。所以解决少子化的策略,简单说,就是要以孩子之间的绝对平等为前提,不管其父母这边的情况究竟是单亲妈妈,还是单亲爸爸,还是登记结婚的夫妻,都应该在起跑线上保障一个最低限度的平等。如果做不到这一点,就别想让孩子数量变多了。

没有变化，
无法变化的日本

上野：2013年最高法院做出判决，判定对婚外子继承的歧视是违宪的。这总算是民法在一些细节上做出了点小改正。日本这个社会的变化也就这么一丁点而已。

水无田：就连这么一点点，当时都遭受了极强烈的反对吧。有人说：这不就是把财产分给妾生子吗？"妾"这个字，我在公共场合中也很久没听到了。我还问学生："你们能听懂什么是'妾'吗？说的可不是蛋白酥哟，不是做点心的那个东西哟。①"

上野：也就是说，这些人的意识就是守旧到了这种程度啊。而且这些因循守旧的老大爷，如今仍旧稳坐权力之位呢。

水无田：想田和弘导演拍摄过一部观察电影，这部纪录片的名字叫《选举》。这部电影跟随拍摄了一位来自自民党的空降候补议员的选举活动。一个个场面的记录都很平静、淡然。可是看着

---

① 日文中"妾"的发音是 mekake，和蛋白酥（merenge）的发音略相近。——译者注

看着就开始毛骨悚然。

这位主角的妻子一路跟着他到处举行选举演说，可是他却不能说"我太太"这个词。为了迎合那些保守阶层，他得改口说"内人"。又或者是去养老院，妻子要和这个候补议员一起做广播体操。明明妻子也有工作，一旦丈夫要参加选举，她就得表现自己做"贤内助"的功劳。这竟然就发生在21世纪的日本……

上野：您提到的这些自然没错。不过看看您这一代，妻子喊自己的丈夫是"主人"的习惯也根本没改啊。

水无田：是呢。在我提到的这部电影中，主角的妻子虽然在背地里屡屡吐槽丈夫，但公开场合下还是会用"主人""外子"一类的称呼……

上野：用这一类词称呼丈夫是吧？到了现在这些年轻人身上，依然没变。

水无田：从这种东西中催生出的政治，真是令人……（无语）

为何会出现"有男人味""有女人味"的再生产？

上野：刚才咱们聊到的内容中，有一点我有些在意，就是"母子家庭就是举家把父亲抛弃了"这一点。丈夫本就不常在家，就算待在家里也是徒增压力，于是妻子就和这样的丈夫一刀两断了，我认为这样的确是最佳选择。可是不愿再和前夫沟通，也不想看见他那张脸，不想让他见孩子……关系搞成这副千疮百孔的样子，但她们还是曾和这样的男人结了婚，组建了家庭啊。可这样的男人，从出生算起，也就过了二三十年，就变成那个模样了呢。

水无田：我在广播节目里谈到这个话题的时候，大竹真先生曾深有感慨地说："但是啊，没有哪个废柴男人是因为自己喜欢所以变废柴的哟。"

上野：从出生起才过了二三十年，为什么男人就变成这种废柴样子了呢？倘若不是因为喜欢才变成那样的，那就更是个谜了。**家暴男在哪个年代都有，连情侣家暴也一直有。我听说了一**

些地方上的女高中生遭遇的情侣家暴，听上去和侍奉过去那种大男子主义的老公根本就没区别。男人的嫉妒和妄想也从没变过。痴呆的老大爷对妻子的那一肚子嫉妒妄想，十来岁的青少年因为嫉妒妄想，所以抢走女朋友的手机，限制她行动的情侣家暴，这两者毫无区别。

男女在出生时并没有那样的差异，可是成长了十几年，就产生了这么大的区别，对吧？这种性别的再生产，究竟是如何进行的？真是太令人感到不可思议了。

水无田：没有谁一开始是把"废柴"当成目标，然后成为废柴的。但我想是社会中的某些期望、某些规定带来了这些问题。人类这种生物，在面对讨厌的事、负面的事时，相对还比较能够努力去改正它们、丢弃它们；但对一些不能退让的、不能改变的，一些存在即是合理的所谓价值规范，就很难丢弃得了了。所谓男人味、女人味的规范，还有男性必须身处优位的价值规范，这些别说男性了，连女性也都接受了下来。

想从科学的、客观的角度去解决这种规范问题是比较困难的。就算改变了具体的人，或者其所在的家庭，但想要改变社会普遍的习惯、习俗，是相当困难的。就算在自己的家庭中已经达成默契，但我们最终总归会在某种形式上和社会习俗打架，或者产生一些灾祸和争端。

上野：听您这样说，似乎这种文化的再生产永远不会终结了。虽然大竹真说了"没有哪个废柴男人是因为自己喜欢所以变废柴的"，但我们现在讨论的对象其实不是废柴男，而是普通的男人，**是普普通通地迟钝、普普通通地发火、普普通通地觉得把自己摆在最优位置没什么问题的男人们。**

水无田：这么想来，还真是普普通通地令人感到害怕呢。

上野：真的很普通。根本不是废柴男，就只是些有"男人味"的男人而已。

结婚由我

社畜和家畜的婚姻生活

水无田：我那本书中虽然很少记载这类事例，但是听过一些离婚后的单亲妈妈的讲述，我发现大家都显得神清气爽。反之，（虽然没能写进书中）那些坚持维系婚姻关系，忍受着家庭暴力，还拿不到生活费的人——我将这一类人称作"潜在单亲妈妈"，她们的状态其实更烦闷、更痛苦。

从某种意义上来说，带着孩子离婚需要很强大的能量才能做到，如果一个女性没有这股能量，那就连成为一个单亲妈妈都很困难，这就是日本的现状。

上野：您说得完全没错。

水无田：日本是从属社会，在结婚这个框架内，从属于家庭的女性往往会被看作没有问题的人。可实际上，普通地工作、普通地在社会中有从属的人们，他们的矛盾也很大。如果不能很好地关注到这一病灶，那么大量人群所面临的问题今后也依然会被再生产，而问题的端倪却无法得见。

上野：这一点，在四十年前的主妇问题和社畜问题上已经被提到过了。

水无田：社畜的样貌也真的一点没变。而女性呢——虽然这样讲可能有点问题，但因为她们必须在家里待着，所以其实就是"家"畜吧。

上野：是吗？社畜、家畜，这样吗？

水无田：是啊。日本的婚姻，就是社畜和家畜的结合。所以常见阳平① 才会故意讲出"我辞了工作成了家畜，家畜太棒了！"这种话。他的太太在工作，他辞去了工作去读研究生，然后成了家畜，并做了这番家畜宣言。

上野：可是做家畜的条件是要顺从饲主情绪的哟。那位常见先生也做了这些吗？

水无田：应该做了吧。至少像他那样会仔细确认妻子情绪的男性是非常少见的。不过他利用这个机会去读了研究生，成了大学教员。所以说，他也是从战略角度考虑了个人事业的人。男性中出现这样的人真的非常有趣。不过无法从时间或者自身的居住区域脱离开来的这种情况，的确算是家畜，或者说是地域畜吧。一旦离开所在地区，这些人内心就会产生极强的抵触感，无论是

---

① 常见阳平：人才顾问，千叶商科大学讲师。

结婚由我

PTA活动，还是町内会活动，还是别的什么，都会有这种感觉。如果是您这样在很多领域都有据点的人，自然可以不受束缚，自由自在地活动，但一旦牵扯家族、家庭，就很难摆脱了……

为何要和地域团体紧密相连？

上野：幸亏我没有孩子，就不必和地域共同体产生联系了。万一有了孩子，估计就逃不了了。

水无田：的确逃不了。反之，也可以不逃，而是凭借自身选择，去参加育儿支援NPO或者街区的振兴活动，积极地和此类地域共同体产生联系，尽量去把非强制参加型的共同体当作伙伴——这就是我选择的战略。虽然辛苦，但总归存活了下来。所以说，参与志愿者活动、NPO活动，这样做看上去显得我非常有奉献精神，但其实我做这些都是为了自己。

上野：我非常理解您的做法。的确，地缘①、社缘②是无法由我们主动挑选的，只能通过个人的选择去创造一些"选择缘③"，

---

① 地缘：由地理位置上的联系而形成的人际关系。——译者注
② 社缘：因社会管理、社会服务、社会交往或文体娱乐活动而形成的人际关系。——译者注
③ 选择缘：a.可自由加入或退出；b.不要求全面性质的责任承诺；c.不强制，是一种可脱离血缘、地缘、社缘去选择的人际关系。

为自己创造更舒心的环境。不过话虽如此，您说了光是生存下来就已经费尽心力，但是还能参加一些团体活动，真的是精力可嘉了。

水无田：不，我想，正是因为已经费尽心力，所以才要去做这些。因为我周围实在没有"伙伴"。

上野：您真的很拼啊。

水无田：如果有"（外）祖母力"来支撑，情况就完全不同了。我母亲生前是个非常有能量的人，即便上了岁数，我想她也会精神抖擞地告诉我："不管有多少小孩，你都放心交给我带吧。"不过，也不知是幸运还是不幸，因为没有这样一个人存在了，所以我就只能自己去创造"选择缘"了。不管是本地资源还是别的，从吹捧我丈夫开始，再到参加地域共同体，我都要尽全力去使用我能利用到的一切。

上野：是啊。必要性是发明之母。您所说的我非常理解。

水无田：可以依靠的就是丈夫，以及自己所选择的共同体里的人们。也正如您所评价的那样，我有了必须要照顾的孩子，自己人生的前路变得模糊不清。不过，在未来，我这样的人应该会越来越多吧。我自己也知道这样子会非常辛苦。

我真的希望这个社会能够向着更为健全的方向前进，但那并不意味着要适应旧有的、均质性较高的社会。我希望在业已存在

的"正确"之上，去解决如今这些孩子的问题。我希望不再是只有"从属"于男性的女性才能生孩子，才能养育孩子。我希望所有的女性都能做到想要孩子，就可以生孩子；想要多少，就可以生多少。而与此同时，不想生育的女性也能不再遭受批评和责难，我盼望着这样一个社会的诞生。这其实就是女性对"生育权利"的获得。为了我们不会被强制的、不会受惩罚的权利，我要尽我所能，去做力所能及的事。

第四章

雄性败犬和女性文化的鼎盛

结婚由我

不是不婚，
而是婚前离婚

上野：我们聊到这里，就要提出一个疑问，为什么男人出生后过了也就二十年，就能变成那种人呢？女性虽然做出了改变，但男性不变的话，日本依旧是没有未来的。

水无田：没有未来的吗？

上野：您想想，该怎么办呢？让日本的女性一如既往，在未来的日子里也不施以任何惩罚地维持着实质上的母子家庭吗？

水无田：那可真是要爆炸了。

上野：眼下新生儿出生率已经降低了，不是吗？之前一直是家庭内母子家庭，如今则是摒除了风险的真正的母子家庭喽。

水无田：母子家庭的数量的确是在增多。

上野：**属于母子家庭的那些人，有些可能是出于自愿，但从某种意义上讲，大部分可能是趁势，或者说是错误地做了母亲吧。而那些不结婚的女性眼睁睁地看到这些结了婚、生了孩子的人的生活，肯定会想：这种赔本买卖我以后才不要做，对吧？**

20 世纪 80 年代，外国的离婚率上升时，日本的离婚率却是一条直线，并没有上升。当时日本的学者称，之所以如此，是因为日本是全世界首屈一指的具备稳定家庭制度的国家。可是在当时不婚率就已经在上升了。我称这种不婚是"婚前离婚"。

水无田：嗯嗯，这个形容非常贴切。那些难以遵循旧有的、均质性的家庭规范的人，从一开始就不会选择走进这种规范。

上野：虽然不结婚就没法离婚，但是不婚是在结婚之前就"放弃"的行为。从人口学角度来说，日本不婚率的上升，在功能上就和其他国家离婚率上升的情况是等价的。

结婚由我

全职主妇
这种上流阶级

水无田：如此说来，不婚率的增高，是不是出于信息化的影响，以及对废柴男的筛选技术提高了？

上野：不不。**是因为结婚不再是一种保障生活财产的方式了。如果它还是保障生活财产的方式，那就由不得人去挑选对象是"废"还是"不废"。只要这个人有钱，他就算完成了丈夫的功能。而这样的一个时代已经成为过去了。**

水无田：我一直称主妇是"家庭和地域的时间财产"。因为她们要以将自己的自由时间，人生中最重要、最宝贵的白天这段时间，几乎都投注到家庭和地域中为前提，才能成就她们全职主妇的身份。然而，如今再这样付出，支出得多，回报却越来越少，**性价比也变得更低了。这可能也是因为能让女性做到那种地步的、有价值的结婚对象在减少吧。**

上野：我认为这的确是事实。实际上，双重收入率已经达到了全部家庭的六成。

第四章 雄性败犬和女性文化的鼎盛

水无田：是啊。全职主妇和双职工家庭的比例，自1997年以来便达到逆转，如今夫妻共同劳动的家庭才是多数派。

上野：遵循"道格拉斯法则"来看，无业女性的家庭年收入较高这一倾向尚未消失，也就是说，如今全职主妇是令人羡慕的喽。

水无田：是啊。类似早些年的那种"VERY妻"，就是光文社发行的 *VERY*[1]（《非常》）或者 *STORY*[2]（《故事》）一类的杂志里面会出现的那种上流社会的主妇。

上野：前一阵子，我有生以来第一次接受了 *VERY* 的采访。

水无田：欸？是吗？

上野：是啊。就是那个超厚的，感觉翻起来会犯肩周炎的杂志，而且标语写得相当厉害，是"有底子的女人，强大、温柔，且美丽"。这个"底子"我直接译成英语，其实就是"infrastructure"。再说得直白一些，就是"有基础的女人，强大、温柔，且美丽"。其中的这个"基础"，就是丈夫的收入和资产喽。

水无田：这种说法的确是相当直白的了。话说回来，您接受的是什么采访呢？我对这一点很好奇啊。

上野：我已经忘了，好像是人生咨询一类的话题吧。

---

[1] *VERY*：创刊于1995年，是面向三四十岁家庭主妇阶层的时尚杂志，主要以三十岁至四十岁的育龄女性为中心，刊登结婚、生育、回归职场的相关信息。——译者注
[2] *STORY*：*VERY* 的姊妹刊，刊登内容及读者层相近，创刊于2002年。——译者注

结婚由我

市场的成熟促使
"女性文化"成长

水无田：那本 VERY 最近也开始转为社会派杂志了。最近我听说他们会找一些女性主义者聊，但没想到找到您那边了。

上野：也就是说，我加入他们的队伍了？啊哈哈哈。

水无田：anan①（《安安》）也出了女性主义特辑，还突然跑来找我聊。看来他们认为转向社会派会更有人气吧。

像我这种非正规雇用且无所属的、会这这那那做各种工作的人，好不容易出现在公众面前，还是多亏了前一代的女性主编、研究者，还有在电视行业中的一些制片人等等。情况是从一些女性工作人员，还有与她们同代的或者更年轻一些的男性掌握了决定权后才逐渐好转的。总之，我这个人就是彻底不受老头子们欢迎的那种类型。

上野：是的，没错。在纸媒的世界里，同样的变化产生得更

---

① anan：创刊于 1970 年的女性周刊。刊物内容大多围绕年轻女性，刊登如时尚、妆容、恋爱、性以及电影、占卜等相关话题。——译者注

第四章 雄性败犬和女性文化的鼎盛

早些。我称其为"女性文化",代表人物就是酒井顺子。酒井女士写的文章也是非常不受那些老头子欢迎的。而她竟然在《周刊现代》那种老大爷风格的杂志里,长期连载专栏。

水无田:我从她还在用"玛格丽特酒井"这个笔名写作的时候就很喜欢她,我过去也姑且算是一个"Olive 少女①"吧。

上野:她是栖息于女性文化中的人。她之所以出现在大家面前,也是因为在编辑中,出现了一批想要善用她的人吧。除此之外,还有更重要的一点,就是女性市场趋于成熟。正是因为有市场,所以面向女性的言论才成了商品。这其实是非常简单的逻辑,女性市场之所以成熟,是因为女性拥有了经济能力。

水无田:这其实单纯就是消费社会理论的话题了。不过与此同时呢,比如说,即便是全年都能领薪水的女性,其中七成人年薪也在三百万日元以下。其中的六成是非正规雇用人员,而且从年龄上看,有超七成是四十五岁至四十九岁的人了。在这种状况下,女性市场仍在某种程度上维持着一定的成熟,这又是为什么呢?

上野:形成两极分化了吧。虽然分化了,但是从整体来看,

---

① Olive 少女:指创刊于 1982 年的杂志 Olive(《奥丽芙》)的拥趸者,同时也指对法式女学生的装束和亚文化感兴趣的年轻女性。

总量还是很大的。

水无田：我们前面也聊到过，以医疗福祉为首，一些喜爱且会重用女性的职业在增加。

第四章　雄性败犬和女性文化的鼎盛

雄性败犬
这种悲惨的存在

水无田：上野女士，您的著作《男性独身之路》发行后，反响如何呢？

上野：我以为会有更多怒火攻过来，结果没想到说"简直是感同身受""感觉与自己很有关系"的更多。不过呢，虽然这本书卖得不错，但买书的貌似一半以上是女性。所以到了最后，那种书之所以畅销，其实不是因为直接被男人亲手买走了，而是女人读了之后，又要求男人去读了。

提到败犬，人们就会无条件地关联"雌性"。不婚问题、单身问题，也无条件地关联"女人"。雄性、男人为什么就不出现呢？我此前就"雄性败犬"问题和斋藤环论证过，他将"败犬"解释成一种弗洛伊德学的"对阴茎的羡慕"。也就是说，最终对女性来说，结婚还有生育都是对阴茎的一种替代，败犬则会导致问题的出现，但事实并非如此。关于这一点，心理学家、临床心理师信田小夜子与我的想法一致，即雄性败犬一方的现实情况实在是过于严重了，甚至已经严峻到了无法拿来开玩笑、当段子讲的程度，不像雌性败犬那样，对自己的境况笑不出来，而是连那种程度的从容都不存在，他们甚至不想看、不想听，他们用尽全力地想去否认这种情况的存在。我想，就算媒体方面选了雄性败犬这一主题去报道，那肯定也是卖不动的。当然，估计媒体也不会这么选。

雄性败犬是如何出现的呢？是儿子因结婚而导致的家庭分离逐渐惯习化产生的结果。在此之前，如果兄弟姐妹结了婚，一家之中的女儿就失去了在家中的容身之处。所以父母会对女儿施加压力，逼她早日离开家。你要还在家待着，你哥哥、弟弟的媳妇就不来了。现在这种言行正在逐渐消失。而这一点，则是促成败犬出现的重要原因。

水无田：原来如此，这一点从20世纪80年代起变得普遍化了，是吗？

上野：是因为少子化，以及结婚导致家庭分离的惯习化这两点。现在结婚导致的家庭分离是不分男女的，因为长子结了婚也会搬出去。

第四章 雄性败犬和女性文化的鼎盛

"因为沉迷动画和偶像，所以才会不婚"的论调

水无田：我常听到一个说法，说现在的年轻人之所以选择不婚，是因为动画和二次元偶像等"萌文化消费"大量渗透到他们的生活中，所以大家都可以和一个安全的对象谈虚拟恋爱了。

上野：这个说法，您赞成吗？

水无田：我不赞成。

上野：我也是。

水无田：是吧。某位编辑曾经一脸严肃地这么对我说。于是我拼全力批判以及否定了这位编辑的说法后离开了。

上野：您是用什么论据去否定的呢？

水无田：首先，萌文化消费市场中，女性的占比更大。在 comic market① 上出摊的，大概六成是女性。comic market 初期在幕张会展中心办展的时候，貌似九成是女性。因为我没有统

---

① comic market：由 comic market 准备会举办的日本乃至全球最大型的同人志即卖会。——译者注

计当时的数据,所以是从制作同人网站者的视角推算的。参加的人大多是女性,就连御宅族也是女性更多。这个规模就和男性色情文艺市场的规模差不多大。

上野:哦哦,您是用这个理由反驳的。

水无田:和虚拟对象谈恋爱的经验,也绝对是女性更多。不如说,甚至有人就是为了能将自己的同人活动推下去,所以才去结婚的。恋爱和结婚一码归一码。二次元和三次元分开看——这样的女性可不稀奇。

上野:您既是腐女,也是已婚女性,是吧?

水无田:您说得没错。

上野:您觉得男性的虚拟消费应该是比女性少的,还有呢?

水无田:的确,从旧有的色情文艺市场基础来看,以男性为对象的商品肯定是占绝对的大多数。可是,狂热粉丝的消费市场就是女性比较多了。比如,拥有悠久历史和传统的宝冢歌剧团的"冢粉"们,还有喜爱杰尼斯偶像的"J家粉",热追视觉系乐队的、热追日本职业足球联赛(J联赛)运动员的粉丝,也是女性居多。

一些追求虚拟的恋爱对象,甚至影响到了日常生活的狂热型消费群体,也是女性更多。一些轻消费层,如流行的恋爱电视剧、肥皂剧等也是以女性作为消费对象的。

所以说,虚拟恋爱这种形态原本就是面向女性市场的。意向

第四章 雄性败犬和女性文化的鼎盛

调查也显示，和虚拟的角色有过恋爱经验的人数，女性要远超男性。最近男性中沉浸于虚拟恋爱的人数也在增加，但是男性的虚拟恋爱史为时尚浅。

上野：这一点又如何能成为反论呢？

水无田：刚才您提到，雄性败犬的情况已经严重到了无法拿来说笑的程度，他们成了不愿被直视的存在，并从社会的关注之下逃脱。这一点，沉浸在女性萌文化消费市场的腐女们也是一样，大家都不会在公开层面上被注意到。这两者身上都存在"丧"的成分，也就是所谓的"丧男""丧女"。他们用这种词来表现自己的没人气，用自虐式的语言来形容自己。您知道"丧男""丧女"吗？

上野：嗯嗯，我是知道的。那么萌文化市场的女性较多，在我的理解范围内，是因为腐女是异性恋者，结婚愿望较高，而事实上的婚姻率似乎也很高。

水无田：高不高这一点从统计上看还不清楚。不过，狭义上的腐女，指的是沉浸在 BL（boys' love，耽美）世界之中的人。以前的说法是"YAOI[①]"。美国也流行过"slash fiction[②]"，那大

[①] YAOI：以男性之间的恋爱为题材的漫画。
[②] slash fiction：斜线小说。在此类作品中，有同性关系的两个登场人物会用 /（斜线）标注，于是被称为"slash fiction"。

概是在 20 世纪 70 年代吧。日本则是从 1977 年开始的。比如,栗本薫创作的美少年小说,还有漫画家萩尾望都描绘的两个男性之间的性爱画面,都可以说是日本 BL 的起源。可以说,面向女性狂热粉丝群体而问世的漫画或商品,比那种御宅族性质的狂热消费者情况要更早些。

上野:我想知道的是,进行二次元消费和逃避实际的婚姻行动,这两者之间作为因果关系是否并不成立。

水无田:我想说,它们作为因果关系并不成立。男性受萌文化消费市场的影响比大家普遍以为的要小,而与之相对地,女性却更大。进一步说,女性在萌文化消费方面的行为和现实的婚姻行动这两个方面完全是"互不干涉"的。可以说男女双方在这一点上都没有因果关系。

上野:是吧,不成立的吧? BL 的元祖栗本薫本人就是已婚人士,同时是一位异性恋者。

水无田:也就是说,她们其实是虚拟男同嗜好者。不过对 LGBT[①] 的嗜好是否存在于本人性偏好中,就另当别论了。

上野:我觉得连虚拟男同嗜好都不算。

水无田:是吗?

---

① LGBT:性少数群体。指 lesbians(女性同性恋者)、gays(男性同性恋者)、bisexuals(双性恋者)、transgender(跨性别者)四种类型的英文首字母缩写。

上野：没错，因为本质上就是把美少年情侣当成身穿男装的异性恋者了。您想想，所谓"小受""小攻"这样的区分，不就明显是这种思路吗？所以她们其实就是把自己的异性恋身份伪装成了同性恋，进行了文化消费。消费的不是一对同性恋，而是一对异性恋。而且，在腐女对情侣的妄想中，还存在异常强烈的"对幻想①"，没错吧？

---

① 对幻想：日本思想家吉本隆明的自造词，其根本定义为"同男女的肉体性、动物性的生殖行为及哺育行为相疏离的一种幻想，是家庭的本质"。——译者注

结婚由我

在任何时代都存在故事消费这种东西

上野：虚拟的文化消费增加了，所以结婚率降低了——这种看法为您刚刚的一番说明所否定。我给出的结论虽然相同，但我想做一番不同的解释。

虽然媒介从口传到印刷，随后转为网络，但没有故事消费、文化消费的社会是不存在的。在这种社会中，文化消费这种东西，就是一种"预先的学习"。

人为什么会恋爱？当一个人和另外的某人产生了某种关系时，他通过什么来判断这就是恋爱关系呢？这其实就要预先去学习"什么是恋爱"。也就是说，之所以知道这种关系叫作"恋爱"，是因为我读了相关的故事，所以确信这就叫作恋爱，这是我内部的"解释装置"启动了的结果。这种东西在社会中的存在的是必然的，不可缺失。也就是说，这种文化消费是不可能骤增或者骤减的。

水无田：原来如此。您的意思是，故事消费是贯串历史、始

第四章 雄性败犬和女性文化的鼎盛

终存在的。

上野：还有一个原因，就是风俗店、游廓一类红灯区的所谓性产业，是会产生"性消费"的，对吧？历史上，这种东西和婚姻行为可从来不是呈逆相关的。男人这边结婚，那边就会去风俗店。也就是说，性消费根本不能作为解释结婚率下降的理由。这就是我给出的分析。江户时期单身男性较多，所以游廓产业发达，但在这件事上，原因和结果倒过来却并不能讲得通。

水无田：也就是说，这种看法其实是另一个维度的问题，是和现实并驾齐驱的。因为沉迷偶像，或是给动画里的女角色撒了太多钱，所以不结婚、不恋爱——这完全是一种误读，是吗？

上野：没错。因为没有哪个社会是不存在这些的。

水无田：刚才我们谈到了"被排挤的人们"，他们彼此都是被"有人气的群体"排除在外的，无论是宅男还是宅女。他们都自认为自己有"没人气"的属性，但两个"没人气"的人能够达成对话吗？还是说，他们会很"不匹配"呢？

上野：会极端不匹配吧。岂止是不匹配，他们应该是极度回避互相接触的。

水无田：可是，就拿距离我半径三米之内的见闻来举例，我认识好几对因为一起写同人文，于是开始交往的情侣，他们属于例外吗？

上野：是因为他们将虚拟和现实分开了吧。他们认为虚拟世界是虚拟世界，现实世界是现实世界。其实在过去，那种追着歌舞伎演员、给偶像消费的女性很多。能撒钱撒到那个程度，也是因为她们的丈夫有一定的财力啊。

水无田：如此一来，可见偶像消费其实是能够和恋爱、结婚关联的行动，或者说是与家庭关联行动并存的行为，再进一步讲，就是说它根本就不是导致不恋爱、不结婚、少子化的理由。

上野：是的，它并不是形成这些的理由。在江户时代，就算人们跑去逛游廊、狎男娼，也不会不结婚。反之，也不会因为结了婚就不去这些地方了。

第四章　雄性败犬和女性文化的鼎盛

雄性败犬强大的"失败感"

水无田：原来如此。如果从我们现在谈及的这个文化消费的观点来看，那萌文化消费和家庭关联行动会各论各的也就没什么奇怪了。另外，我也想就雄性败犬问题再多听听您的看法。坦率地讲，什么样的人有较高风险成为雄性败犬呢？

上野：如果用数据说话，那非常明显——低学历、低经济阶层、非正规雇用者。还有种说法是人口过疏地区、长男、家业继承者。

水无田：根据酒井顺子的说法，三十岁以上、无子女、未婚者——无论能赚多少钱，无论身处多么理想的社会地位，都算"败犬"。那么雄性败犬是否也一样，不论工作有多理想，不论如何多金，不论社会地位有多高，只要过了三十岁、未婚、无子女，就可以被定义为"败犬"呢？

上野：根本没有人下这种定义。因为没人把雄性败犬当成问题，所以也就自然没有定义。

结婚由我

水无田：哦哦，的确是没成为问题。就好比浅见光彦那样的人喽。内田康夫创作的系列推理小说的主人公——浅见光彦，就是名门的次子，大帅哥，还单身。

不过，其实无论从一生未婚率的飙升情况来看，还是从日常的个人护理情况来看，接下来雄性败犬的问题应该会越来越严重吧。

上野：结婚的可选性越高，就越容易和业绩主义相关联。从业绩主义角度来说，结婚能成为男人的一份十分直观的等级评价单。所以，在没人气这件事上，男人要比女人有更强的挫败感。

第四章　雄性败犬和女性文化的鼎盛

男性的症结——只要有人气，一切都能迎刃而解？

水无田：我想起被判处死刑的加藤智大。加藤是 2008 年秋叶原街道杀人魔事件的凶手，他曾在受审时尽情地表达自己如何长得不好、没人气。可见，他就是在以一种极端形式向大众诉说自己所遭受的疏远。

上野：这种疏远是从何而来的呢？他不仅表达过自己被社会疏远了，还表达过自己被女性疏远了吧？

水无田：是啊。

上野：**因为在他的老套思想里，支撑"男性气质"的是来自女性的认可吧？只要有女性认可自己，哪怕一手烂牌也能打赢比赛。他认为自己身上被社会疏远的一切，都能靠女性的认可得到逆转。那既然这么想，就去为赢得女性的认可努力加油好了。可他却丝毫没付出任何努力。他坚信，光凭自己是个男人，就理应拥有赢得女性认可的资格。**

水无田：原来如此，光凭自己是个男人……

上野：这也是男人的通病了。

水无田：光凭自己是男人，就应该获得一席之地。这样啊，如今男性的病根竟埋得如此之深吗？

上野：就是有这么深。也正是因为太过根深蒂固，所以人们反而不认为有什么问题，也没法将其视作一个问题。

水无田：据说，加藤当时在网上查找了一番，然后去买了一把军刀。他声称当时那个店里的店员是个非常可爱的女孩子，看到她的一瞬间，自己的思维还曾短暂停止了一瞬，但最终还是实行了犯罪。

上野：在他的妄想剧本中，这个可爱的女孩子应该接受自己、认可自己吧？

水无田：他本来想着，要是当时没跑去杀人，而是去和那个可爱店员搭讪就好了呢。

上野：哪会有那么顺他意的女性哟。

水无田：您说得没错。话又说回来，倘若他真的有那种沟通能力，可以在当时同自己心仪的女性搭话并且拉近关系，他恐怕也就不会对女性心怀如此极端的恨意了吧？

上野：那种万事都想要顺自己心意的想法，也是男人的通病之一：喜欢以自我为中心去妄想。就算没有付出丝毫努力，但就凭自己是男人，也应该获得认可。他们不是喜欢女人，而是喜欢认可自己的女人。为了做男人，就必然需要女人。

水无田：这种想法，和女性的没人气还是很不一样的。

上野：是完全不对称的。"男性气质"的核心就在于他们不是女人。因为不是女人，所以可以将女人据为己有。而可以将女人据为己有，就意味着女人已经认可了自己。

有一位名叫二村仁的 AV（成人影片）导演，我给他的书写过分析文章，于是我们成了好友。他在书里写得很简单明了——能和自己做爱，就意味着眼前这位女性认可了自己。不能，就是不认可。因为女人不会对着恶心的男人张开双腿。也就是说，只要能让这个女人愿意和自己做爱，就证明自己不是一个恶心的男人。而这个女人呢，说实话，是谁都无所谓。

想要证明自己的"男性气质"就必须依靠女性，这就是男性的软肋。而依靠女性又会令他们心存怨恨，所以就产生了"女性嫌恶"。倘若女性没有让他们"依靠"到，那么他们的"女性嫌恶"就会变得更为深重。

结婚由我

男性的世界里,只要有钱有权,女人们就会贴上来

水无田: 女性这边的没人气,又是怎样的一种疏远感呢?

上野: 应该是一种社会性的烙印,她们认为自己是"未被男人选中的女人"。不单是社会层面,这还和自我认同相关联。就算在社会的业绩层面得到了再多的认可,可单单是未被男人选中,她们作为女性就成了残次品——这种烙印会跟随她们一生。酒井顺子也是这样讲的。

水无田: 进入社会之后,又反了过来。被当作女性来对待,从某种意义上讲就是被烙上了烙印——"明明只是个女人罢了"的烙印。而同时,一旦取得了比男性还要高的社会地位以及年收入,那么这样的女性在婚恋市场上反倒成了弱者,私下里甚至时常不被当成女性。酒井顺子用奇妙又自虐式的说法指明了这种烙印。如她所说,这是一种双重压制。

而男性只要有社会地位,差不多能赚点钱,有点存款,那么不管身边有没有女性,似乎都没什么问题。可实际上,其中却深

藏着不见底的黑暗，可以这样解释吗？

上野：他们倒不太会这么想吧。因为女性的衡量尺度是二元的，男性的尺度则是一元的。也就是说，在男性集团中，权势等级决定了一切。

水无田：就是男性之间谁上谁下的等级？

上野：没错。在男性的自我认知中，这个权势等级起到了决定性的作用。犯人加藤可能就身处这个等级中的底端。可即便是在底端，来自女性的认可也能使他翻身得胜——我想他大概就是这么一个逻辑吧？

所以，一个站在等级顶端的，比如乔布斯那样的男人，如果女性不认可他，他也不会觉得这对自己来说是个多大的问题吧？这世上没有哪个女人会不认可乔布斯那样的男人。像他那种男人，女人肯定会贴上去的。在这一点上，堀江贵文的说法是对的。他认为女人会追随金钱和权力，而不会在意男人是谁。有钱有权的男人不需要为了证明自己的"男性气质"而去依赖女性，所以也就能把"结不了婚"解释成"不结婚"。就算这个男人是同性恋也无所谓。

水无田：原来如此。于是那些大叔听到堀江贵文这一番过于直白的讲述，便出于同类厌恶拼命批判他，对吗？

上野：嗯，这可能是另外一码事了。

结婚由我

水无田：在加藤智大心中，仅仅是"没有女朋友"这一点，自己的人生就算完了。

上野：所以，我认为只有位于等级底端的人才会说这种话。位列顶端的人是不会这么说的。所以其实男人的世界反而更好懂些。可也正是因为好懂，所以更加无可救药。

水无田：您的这番解释真的非常明了，我彻底理解您的意思了。

上野：在女人的世界里，从一开始就是双重标准。这双重标准是由社会的认可和异性的认可组合而成的。在过去，女性只需要异性的认可这一层标准即可，但如今这种标准却二元化了。只有一层并不充分。

水无田：而且在上层社会的男性看来，有一定赚钱能力的女性反倒会成为同类婚姻的对象。

上野：即便如此，在精英同业者伴侣的婚姻中，明显是妻子在对丈夫做出让步。无论是夫妻同为律师，还是同为医生，都是如此。

水无田：是啊。往往是妻子分出自己的时间来照顾家庭。

上野：在这一点上，几乎没有相反的情况出现呢。

男人们无法再用"没人气"的借口了

水无田：从这一层意义上来看，女性的没人气，似乎是相当经典的一个问题了。

上野：非常经典。

水无田：那么，眼下男性的没人气，就可以说像是现代美术一样喽。

上野：嗯……现代美术这个比喻恐怕并不契合。意思是说，在所有男性都能结婚的时代，这个问题就是不成立的。

水无田：可是，咱们在第一章的时候其实就谈到了，全民结婚的时代其实是比较异常的一个时期。

上野：如果男性能把身份或阶级一类的属性正当化，其实倒还好了。比如告诉自己：反正我也是家里的三儿子，只能住在户主家喽。是因为所有的男性都平等地站在恋爱市场中，而在这个市场里，恋爱是一种追逐金钱和权力的存在，是显而易见的业绩主义，所以男性的没人气，不是输给了女性，而是在输给女性之前，在男性群体中就已经输了。而这种失败产生的愤怒明明应该冲着那些强大的男性而去，可他们却冲着更弱的一方去了。

水无田：原来如此。比如开着车子冲进秋叶原，又如袭击一些幼童。

上野：真的，那就是恼羞成怒了。

水无田：我最近在关注一些针对小孩子的无差别杀人事件。每次看到这类案件，就感觉心像被剜掉一样……

上野：您还是做母亲的，一定非常痛心吧。这种事简直太可怕了。

水无田：做出那种事的理由，竟然是因为自己没人气，这明明100%是犯人自己的责任……

上野：不过，反过来看，放在以前，"能结婚"这件事也是自己的责任吗？其实并不是吧。

水无田：的确，以前的婚姻更多是家庭和家庭之间的兼并收购。责任并不在自己身上。在当时，倘若婚姻双方出现"残次品"的情况，还可以投诉媒人，要求"退货"。而现在是做不到这些的，基本上也不会有人给"退货"了。

上野：森永卓郎称这种情况为"结婚和恋爱的自由市场化"。如果是在自由市场中，那男性之间的业绩主义就会变得越发显著，所以便越发无可救药。

水无田：男性一旦没人气，就会很在意自己被女性疏远这一点。可是，这一点同时又暗喻其受到了男性社会的疏远，可以说，没人气的男性是被双重疏远折磨着的吧。

上野：是的，当然是这样。

结婚由我

只要放下男性身份，就能变轻松

水无田：男性想要从中脱身，该如何是好呢？上野千鹤子面对全体男性，谈论男性如何得到解脱，想想真的很有意思。

上野：男性对金钱和权力着迷，女性对有钱有权的男性着迷。那么首先就去获得金钱和权力吧，加油努力！这就是男性活下去的正道。（笑）

水无田：也就是瑞文·康奈尔所说的，拥有"霸权的男性气质"吧。现在有太多人因为社会结构性的问题无法获得这种霸权的男性气质，他们该怎么办呢？

上野：好，那么就来看第二点——让欲望自身冷却下去。

水无田：其实现在的确就有草食系男性，或者嫌消费一代①，所以从某种程度上看，欲望的沸点的确正在降低。

---

① 嫌消费一代：指出生于1980年前后，于青春期见证了日本泡沫经济崩溃的一代人。他们对价格高昂的奢侈品、海外旅行、高级酒店等没有兴趣，购物欲望较低。即便有较高收入，也会将支出控制得十分严格。——译者注

第四章 雄性败犬和女性文化的鼎盛

上野：所以说啊，这样做就很好，采取"我没人气，又如何"的战略。

水无田：如果能做到这点，或者能在某种程度上获得一定解脱的人倒还好，可是总有些人会把责任转嫁到无关者身上，发泄自己的怒火。这样的人该怎样才能平息心中的不满呢？

上野：他们会那样做，是因为不愿放下自己的男性身份。

水无田：也就是说，只要放下男性身份就好了？

上野：嗯，放下来就好了。

水无田：您在此前就这样讲过呢，但是男性大概会觉得实际操作起来很困难。

上野：那么，那些没人气的女性该怎么做呢？她们是生活在双重标准中的，要是想两样都占，就只能劈叉了对吧？那么要想让双重标准变为一重标准的话，二者舍其一就好了嘛。舍掉会更轻松。女人可是会采用"我没人气，又如何"战略的哟。比如说过去的"大妈化"就是这个思路。

水无田：过去的那种"obattalion[①]"很招人怕的。

[①] obattalion：该词源自堀田胜彦于1988年开始连载的四格漫画「オバタリアン」（大妈大队），是将日语的"大妈（obasan）"和英语的"大群，大队（battalion）"拼接组成的自造词。该漫画主要描绘一些平民阶层的、没有羞耻心的厚脸皮中年女性。——译者注

上野：是啊。对男人们来说，那些不会顾忌男人脸色的女性就是怪物嘛。我的女性主义其实就是采取了"大妈化战略"的。您觉得如何呢？做"大妈"很开心的哟。

水无田：是呀。我最近常和朋友们热烈交流"做大妈真开心"这件事呢。

上野：既然如此，其实答案就已经昭然若揭了。"女性主义者的大妈化战略"渊源正统，历史悠久。相对应地，男性也可以选择"不做男人了"战略。

水无田：既然没人气，那不做男人就好了——这个总结非常明确。但在相当多的人心中，放弃做男人就等于一辈子完了。

上野：其实已经有人掀起"废柴连[①]"运动了，虽然还属于少数派。

水无田：啊，不过看看"废柴连"的内在，我感觉他们实际也没有很废啊。如今还有个革命性没人气同盟，他们会在涉谷举行"粉碎情人节大游行"是吧？那些人似乎比之前"废柴连"的人更废柴一些，但是他们讲话很有趣呢。

上野：废柴连的人讲话也很有趣哟。比如："我废柴，那又怎样？""我做处男三十四年了，那又怎样？"倘若要问废柴连能够掀起变革社会的运动吗？回答是："不能。因为太废了。"（笑）

---

① 废柴连：由神长恒一及其友人组建，旨在不去否定自身的不足之处，探索自由的生活方式。

第四章 雄性败犬和女性文化的鼎盛

女性主义令不合时宜的真相显形

水无田：即便作为废柴，也有生存下去的可能。但是我们这个社会从某种意义上是不允许男性变废柴的。在如此陈规普及的社会中，坦然说出"又如何"的那样一种生存下去的勇气，该从何处找呢？

上野：刚才这句话从您口中问出来，我是允许的。但我不允许男人这样问。**因为我们是和"该如何逃离身为女性的苦难"做着殊死搏斗，一边付出代价，一边建筑起了女性主义的。**这种勇气应该从何而来？这个问题我们没问过别人，尤其没有问过男人。如果男人觉得苦，我只会告诉他"那你随便吧"。凭什么要我们来教他们如何摆脱苦难呢？我只能这么回答。

水无田：嗯——估计要是这样告诉那些男学生，他们可要消沉喽。

上野：哈哈哈，可女人就是这么过来的哟。

水无田：说到女性所处的严苛的生存市场，我最近看了冈崎京子展《战场的女性生活》。我不由得感慨,女性就是在这片"战场"上一路斗争下来的啊。

上野:是啊,女性一直在战斗着。

水无田:美国的科幻作家威廉·吉布森写过一首诗,名字是 In the Flat Field,《平坦的战场》。诗的内容是讲在这看上去十分祥和的平坦土地之上,我们应该如何生存。冈崎京子将这首诗放进了她的漫画名作《我很好》。这部漫画真是一部了不起的作品。不过,面对将这些现实展示出来的女性,有些男人就是会恼羞成怒,而这样的男人在此后仍将层出不穷吧。

上野:那是因为他们不想看到、不想听到、不想思考,甚至极力否认"不合时宜"的真实。他们患的病叫作"男性气质综合征"。

水无田:因为不想看到,所以就要把说出这些真相的对象抹除掉,乃至赶尽杀绝——这么想的人还在增加,这真是极大的不幸。

上野:这么想的人是否在持续增加,这一点还不清楚。或许只是肉眼可见地产生了变化吧。虽然在以前他们就会去否认,但多亏了IT(信息技术)产业,这种否认的声音才传到了您的耳朵里。我并不知道这么想的人是否增加了。但我们去想想战争,不愿去看海上航行着的敌方舰队,不愿承认自己战败⋯⋯更为深重的否认也到处存在着。

刚刚您提到了《平坦的战场》，同样地，我认为"女权运动"其实就是将日常转变为战场的运动。

水无田：而一些男性会觉得"都是女权运动搞的鬼"。

上野：嗯，就随他们说吧，因为也没说错，是女权运动最早将这些斗争转化为语言的。

水无田：原来如此。发声指出问题，将问题转化为语言的人反而遭受了批判。

上野：这种短路的逻辑是经常发生的。指出家庭中的危机，就会被骂是家庭的破坏者。其实那个家庭早就已经坍塌了。面对这种情况，讲出"不合时宜的真相"的人，就会被误认为家庭的破坏者。这种情况不是一直都存在吗？

水无田：您一直都遭受着这样的批判，这让我感觉做名人真的蛮辛苦的。不过最近我也开始挨批了，而且内容竟然也没什么变化。那些批判我的内容，就和我读高中时您所受的批判内容如出一辙。

上野：您不觉得他们那样显得很难堪吗？真是可悲。

水无田：是很难堪，怎么说呢？他们的认识结构一直都没变化。我对那种陈旧的程度感到吃惊。这种感觉从去年起就明显增多了。

第五章

不婚时代的性存在

结婚由我

出现了对男人来说很"方便"的女性

水无田：关于性这方面，请允许我再多说几句。就是老于世故和腐女问题。雨宫麻美的著作《别扭女子》曾掀起广泛讨论，最近这本书又出版了文库版，您为这本书写了解说文章，我读过后觉得非常有意思。

上野：是雨宫女士点名要我写的。我为这本书的文库版写的解说文章名为《别扭女子的当事人研究》。写这篇文章我下了很大的力气，也写得很长。

水无田：您在文中写道："蔑视男性，将男性的性欲看作不值一提的陋鄙之物，因而就对男性的卑小与愚蠢展现出宽容与大度。这是采取了一种'通情达理的大妈'战略。"这简直是用手中的笔割伤自己，流下鲜血写成的文章。我想，这正是我非常喜欢您的一点。脚踏实地、承受着切身的痛苦写下文章，这就是我心中的女性主义者上野千鹤子。

您在文章中又谈到："这其实是一种'男人不就是这种东西

第五章　不婚时代的性存在

吗？'的战略。""他对你讲荤段子，你就回敬他荤段子，避开男人充满色心的搭讪，再搪塞回去。这种技术是成年女性的智慧，而我劝那些年轻女孩也去掌握这种智慧——或许，我已经成为这样一个类似老鸨的角色了吧。"

可是您本人又如此吐露："这样的话，对男性来说是非常'方便'的。""这是为了不为男人的欲望磁场所拉拢而感到焦躁或受伤，只能将感受性雷达的阈值猛地抬高，用迟钝武装自己的一种生存战略。"

出于一些需要，有一段时间我对一些女士漫画[①]中的女性形象做过调查分类。这类作品中被出轨的女性真的很多。某一天，她深爱的男人坦白说，他爱上了比她要年轻些、出身良好的大小姐，当然还是处女，他要和这个女人结婚。于是被出轨的女性便轻描淡写地回一句："是吗？"一脸的波澜不惊——就是类似这样的女性形象。

所以说，三十岁左右的大城市女白领为出轨所伤，抚慰她们内心的这种女士漫画中的女主角形象是什么样的呢？我想起了这样一句话来总结：

为了让自己仿佛无坚不摧，于是便努力锻炼让自己更加迟钝，

[①] 女士漫画：日本女性漫画的一种子分类，原意为提供给成年（二十岁以上）女性阅读的漫画，后多指有激烈性描写的成人向女性漫画。——译者注

而反过来讲，这样就等于锻炼出了对男性的迟钝十分有包容力的本事，显得十分有男人味。

上野：是的，您说得没错。这样的女人对男人来说很"方便"。

水无田：那种女性周刊杂志，某种意义上也被称作女人的色情读本。这些女性周刊杂志上刊登出来的、加了点色情内容的漫画，从过去起就是用来抚慰主妇欲望的读物。而不知从何时起，这类漫画竟然变成了给那些读着少女漫画走入社会的一代女性提供安慰的读物，我真的很想知道这种情况是从什么时候开始的。工作的女性变成了"方便"的女人，并深陷苦闷之中。这样的主题出现在女性漫画中，是从什么时候开始的呢？因为这类漫画的量实在太大了，我追寻到一半就放弃了，但现在又想振作起来验证一下了。

上野：您提到的这个，我也挺有兴趣的。是不是和《男女雇用均等法》有什么关系呢？

水无田：或许是有关的。我也想分析这一块呢。从20世纪80年代后期以来，女性的分布模式就以新的形态再度排列过，对吧？简单说，就是那种待在大城市里的、一脸通情达理模样的、世故的、要故意把自己锻炼得迟钝去应对男性的欲望的女性开始出现了。或者说——当然这一点需要更多调查才能清楚——就是那种会为了做男人的"真命天女"而想尽一切办法的女性开始出现了。

我感觉，大概在 20 世纪 80 年代后期，类似"对另一半搞婚外恋、脚踩两条船的行为表现得十分稀松平常"的情况就变得多了。

上野：关于您提到的这一点，我有一个观察似乎能从反面去证实它。刚才您谈到这件事时，我之所以直观地想到它和《男女雇用均等法》有关，就是因为婚外恋和女性赚钱的能力是切实相关的。

20 世纪 80 年代泡沫经济时期的援助交际或外遇潮，都是男人价值的表现。可大概也是从那阵子起，冒出了一些不需要花钱的情人。

水无田：是的，您说得没错。然后自己也能在一定程度上自食其力，那么就算不去专门"包养"，也能搞外遇。

上野：是啊，所以那个时代对男人来说真是"方便"。因为一些外遇对象的出现并不反映男人的本事和经济能力。这类女性靠自己赚钱生活，有时候连去酒店的费用都自掏腰包。所以我认为出现这种情况，一定和女性自身的经济能力有不可分割的关系。和这样的外遇对象交往，别说不用花钱了，她们甚至都不会争夺正妻的位置。所以从男性的角度来看，这样的女性可谓"维护成本为零"的理想外遇对象了。

在此之中，既有如您阐述的所谓男性的双重标准。比如，"你当我的恋人不错，但当妻子不行"，或者反过来，"虽然妻子很无聊，但是无聊就无聊吧，也行，不过我还缺点刺激，所以找了你"，类似这种。而那些女性就这样被一些很擅长使用双重标准的男人反过来利用，成了"方便"的女人。

水无田：酒井顺子在《败犬的远吠》中，虽然只是浅浅几笔，但确实也提到"不要搞外遇"一类的话。反过来看，像酒井女士那样自食其力，并且在分外风光的媒体领域工作的女性，一旦搞外遇，就很容易成为那种非常"方便"的情人啊。

上野：是啊，反正那些男人没钱也能搞外遇，反正就算财政大权被妻子紧紧握在手里，也一样有办法。

水无田：雨宫女士的书，当时我买了单行本来读，里面讲到，自己虽然也赚了些钱，但并没有多强的资金力，于是故意抢着去做了AV导演的女朋友。她将女性内心的纠结表现得十分真切。而您的解说也相当厉害，您写道："这是一种有意提高感受的阈值，用迟钝保护自己的生存战略，是在将那些对男性的诸多言行小题大做的女人，归为无知且不解风情，是揣着明白装糊涂。"

上野：我真是做梦也没想到，有一天自己写的东西会被人当面朗读出来呢。不过我觉得自己写得不错，很好懂，对吧？

第五章 不婚时代的性存在

水无田：是的，非常好懂，不过也切中肯綮。感受力不常使用就会生锈，就会变成那种男人眼中"方便"的女人。最终，男性的认识，还有对女性的区别对待，都将在没有任何变化的情况下愈演愈烈。

另外，她明知道这个男人有妻子，却回应了男人的欲望，成为一个不给男人惹麻烦的情人。而妻子那边，明明知道丈夫在拍摄性爱录像，却又和他们相安无事……这本书的内容真的相当直白呢。

上野：这是很常见的妻子与情人的同谋。为响应男人的双重标准而产生的两种类型迥异的女性所构筑的共犯关系，可占到便宜的永远只有男人。

水无田：我总在想，就不能去掉那个男人，你们俩交个朋友吗？

上野：也有这种情况。一些大富翁的妻子和情人的关系就是这样。男人的葬礼上，她们手牵着手相对哭泣，或者把财产分割得十分完美的案例，都是有的。只要这个男人的身心都有极大的能力，那么就会有和平共存的可能。

水无田：最终还是要看男人的能力啊。

上野：而女人则会容忍这样的男人。这种人虽然彻底地以自我为中心，但是他具备贯彻这种以自我为中心的财力和包容力，

结婚由我

而女人们则会允许他这样做。虽然这属于比较罕见的个例,但是的确存在。不过真的很少见。研究军事主义和性别问题的研究者辛西娅·恩洛也曾写道:独守空房的军人妻子和在军事基地卖春的性工作者,这两者是很难相处愉快的吧。

水无田:这么说来,的确是非常少见的情况了。既要足够幸运,还要加上一些偶然性,否则就很难做到。

上野:嗯……还要加上习惯和制度,所以不能单纯用偶然性去理解。在过去的一夫多妻制里,妻子们相处十分融洽——这是男人心中的天堂。不过也确实有男人能做到。

第五章　不婚时代的性存在

财力不再是拥有情人的必要条件

水无田：看过初婚、再婚各种类型组合起来的男女之后,我发现男性再婚的情况要更多,大约一万六千件吧。如此看来,这样是不是在某种程度上也算是向一夫多妻制发展了呢?

上野：从数据上看,女性也逐渐倾向于多配偶的选择[1]。我看过一些性行为的实态调查,所以可以如此断言:一生只拥有一个性交对象的情况,在男女两性身上都有所减少。

水无田：是呀。所以说异性恋的一夫一妻制度正在动摇。

上野：此外,还出现了一些不争取、不抢夺他人婚姻关系的女性。她们甘愿"屈居"第二、第三。她们甚至是抱着一种投机取巧的思路这样做的——把最枯燥、最麻烦的内容全都扔给正妻,自己只占最有利的部分。

水无田：因为做正妻真的很麻烦,要处理婆媳问题、孩子的

---

[1] 多配偶的选择:不限于一对一的关系,而是倾向于和多个对象拥有性关系。

教育问题，最终连墓地问题也要负责……

上野：所以才会有不少人选择去做情人了。不过无论是妻子还是情人，她们对男人来说都是"方便"的女人，这一点是没有变的。

水无田：没错，男人就干脆待着不动……

上野：不，这样的男人可是很勤劳的。如果不够勤劳，那可维持不了如此麻烦的关系。

水无田：原来如此。也就是说，男性这边有人气和无人气之间的差距明显在扩大。一生曾交往的人数、婚前交往过的人数，这些也都是男性一方有显著的增长。

上野：是的。这明显是因为可以拥有不需要金钱的情人，他们的"本事"也不像过去那样需要通过钱包的厚度去衡量了，而是产生了其他衡量标准，如沟通能力、性爱方面是否努力等一些其他方面的能力。

水无田：不过眼下所谓"性豪[①]"的价值是否也在缩小呢？

上野：我想应该没有。不过性爱是讲究适配程度的。如果男女双方都是婚内出轨，那对一些女性来说，就能拥有和丈夫完全不同的性爱经验。如今也出现了这样一些女性，她们既可以体验

[①] 性豪：指性欲及性活力远超一般水准，同异性之间的性行为经验极其丰富者。——译者注

第五章 不婚时代的性存在

这种方式，同时又能维持婚姻生活，令二者互不矛盾。

20世纪90年代初期的投稿杂志 WIFE 做过一个性生活的调查，我看过之后非常震惊。四十岁至五十岁已婚女性的婚外性经验率是15%。而且，这个调查问得相当深入——当您除丈夫外还拥有另一位恋人时，请问您和您的丈夫还能够有性生活吗？其中三分之一的回答者回答"有"。

水无田：男性那边会怎样呢？

上野：男性完全能有的吧。

水无田：甚至都不需要问的吗？

上野：还有三分之一的受访者表示，自己和丈夫已经处于无性婚姻的状态了。最后三分之一的受访者表示，如果有了恋人，就很讨厌被丈夫碰了。虽然女人总说没有爱就无法做爱，说自己没办法同时去爱两个男人，但所谓性其实是一种身体化了的感觉，没想到就连这种感觉竟然也产生了如此大的变化。而且这个性生活调查竟然能追问到这种地步，也是相当罕见了。

水无田：顺带一提，用这样的方式采取老油条战略的女性，以我十来岁时的眼光看来，虽然这么形容不一定确切——我会觉得她们看上去是能在现实生活中过得非常充实的"现充型"女性。

上野：您十来岁那会儿大概是什么时候呢？

水无田：正好就是20世纪80年代。我当时非常爱读您和诗

结婚由我

人伊藤比吕美的作品。但因为我这个人本身是个腐女啦,所以我和您对谈有种在和伟人聊天的感觉。山田咏美[①]也是在20世纪80年代中旬出道的,她的作品掀起了十分猛烈的讨论,当时大家都在说她今年(2015年)应该会拿芥川奖。我当时觉得她好厉害,有种辛酸舐子[②]所谓"celebitch[③]"的感觉。有品位,同时又很强大。

上野:哦哦,懂了懂了,听您这样一说我总算明白了。我之所以会被周围的女性讨厌,是因为我总是"大放厥词",说"我从来没缺过男人"。(笑)

水无田:哎呀,所以上野女士您是现充啦!(笑)

[①] 山田咏美:日本小说家,作品常围绕性、种族与婚姻中一些在日本社会不常被公开讨论的主题展开。本书中谈到的"今年应该会拿芥川奖"的作品,是指山田咏美于1985年创作的小说《床上的眼睛》,该书最终止步芥川奖候补。——译者注

[②] 辛酸舐子:日本漫画家、专栏作家。——译者注

[③] celebitch:属于自造词,将优雅多金且有品位的"celeb"和极端自私且作风恶劣的"bitch"合在一起,形成了一个只有褒义的新词,用以形容有品位,同时活得坚强有力的女性。——译者注

第五章 不婚时代的性存在

日本的女人有大半甚至连异性恋都不算？

上野：我这么说的根据之一——它也是我一直以来一个深深的疑惑，我一直在思考：是不是日本女人有一大半甚至连异性恋都不算？我之所以说自己"从来没缺过男人"，是因为我总能"筹集"到男人，也是因为我知道男人之于自己的必要性。不努力的话自然是找不来的，不是吗？

水无田：我明白您的意思。

上野：所以我觉得，**虽然大家会结婚还有生育，但实在是有太多的女性是遵循着习惯去结婚、去生育的。就算没有爱情，只要发生性行为就能生小孩。我甚至一直在疑惑，她们自己的性或许真的没有觉醒。**

水无田：没觉醒……这样呀。说实话，我是属于嫌麻烦那一派的，对性的想法比较"丧"一些，但也没有什么"不满"的。不过，要说我是不是仿佛坐上传送带，和工业生产一样流水线式地遵循着习惯去结婚了呢，我内心其实也有疑惑。从根本上讲，我

结婚由我

认为这个国家充斥着的性别规范有种非常违和的感觉。我妈妈那边是已经传了六代的女系家族,基本不存在长男。家里会招赘,这些上门女婿大约三十岁就死了。我家简直可以说是一个女子帝国。帝国里生活着妈妈、外祖母、姐妹、阿婆和女佣。大家确实都是依凭一种"习惯"来结婚的,本家招婿,用来生孩子。

因为我妈妈家是农家,所以既有一定的生产力,也有现金收入。从力气活到电力走线的工作全都是女人做。男人的存在就只是顺应一种习惯。于是呢,可能就是没事干吧,所以早早地就都去世了。我们家代代差不多都是生了三个孩子之后男人就会死掉。

上野:哦哦,感觉就是完成任务了就去世了?

水无田:是的。就像雄性螳螂一样呢。

上野:还真是,有点像鲑鱼?

水无田:也像鲑鱼。不过鲑鱼是雄性雌性都会死。但我们家女性成员之间的联系天然很强。

上野:刚才听您的讲述,我想到了女性的性别社会化[①]问题。我发现,女性形成性别同一性的契机,似乎往往会经过两条路径。

[①] 女性的性别社会化:为习得一种"女性气质"而接受的社会化进程。

一条是基于异性恋文化形成的性别同一性，即"依靠男人成为女人"的逻辑。另一条是在近似性别隔离一般的男女别学文化中，同性集团的同一化这一逻辑。既然有同性集团的同一化这条路可走，那就不需要异性。女人要成为女人，是不需要男人的。

水无田：哦哦！原来如此。

上野：从比较文化论的角度来讲，日本社会在"性别隔离"的强度上是很突出的。配偶文化①本身从历史角度来看是非常新颖的一个概念。在性别隔离的强度上，最为极端的应该是伊斯兰社会。在我们这个世界，存在相当多这种性别隔离观念极为强大的社会。

那么，为什么我认为在同性集团中形成性别同一化的女性们并非异性恋呢？这是因为性这个概念是要和性欲望相结合来看的。也就是说，因为她们对男性甚至没有性欲，所以她们就连异性恋都不算了。如果在此之前，她们从未成为过自己的性欲的主体，那么自然也就对自己的性欲没有任何自我觉醒的意识。

水无田：我有某种直觉，或许她们并没有完整地接受过西方

---

① 配偶文化：一种男女二人倾向于单独相处的文化。这种文化在法国、英国、美国等国较为发达，而在日韩一类东亚国家较弱。前者强调横向的、人与人的关系，这也使得相关文化发达的国家的青少年更积极地同异性交往，并更早离开原生家庭。后者强调"家庭""亲子"等纵向关系，子女离家年龄较大，与异性交往时更低调，同居情况更少；在婚后，比起夫妻二人共同行动，更倾向于男女分别在各自的性别集团内行动。——译者注

意义上的异性恋配偶文化洗礼。

上野：我想是没有的。我观察了一下现在的这些小学或中学里的学生，他们形成伙伴集团的形态，就有一种日本的性别隔离文化真的是连绵不绝地被继承下去了的感受。还有今年（2015年）春天发生的那起上村辽太被杀事件，一眼就能看出那些十来岁的男孩子一直生活在男性同性社会文化的群体里。女孩子这边也是一样，从小学的高年级起就开始分化出了性别集团。不论男孩还是女孩，都会逐渐在这些同性集团中形成性别同一性。如今约会的文化在日本也还没有确定下来，所以从整体来看真的是毫无变化。不如说，那种会将男性和女性逼迫到异性恋配偶模式中的规范——除非拥有极强大的文化装置或强制力，否则我怀疑它们根本不可能很好地运行。

热衷约会者的 Hot-Dog PRESS①

水无田：是啊。我甚至有一种倒回之前的感觉。1979 年，由讲谈社创刊、面向年轻人的情报杂志 Hot-Dog PRESS 开始刊行，到了 20 世纪 80 年代，约会指南书以杂志书的形式发行。可到最后，我感觉随着泡沫经济崩溃，约会消费文化似乎也一道消失了。

上野：是吗？也就是说，日本曾有段时期想要美国化，于是准备学习配偶文化，可是这层粉饰的外表却被揭去了，于是一切又回归了原样。

水无田：是的，粉饰的外表已经被揭去了。因为 20 世纪 70 年代后期的那些年轻人的上一代，也就是他们父母那一代，在男女行动规范上一点作用都没起。

---

① Hot-Dog PRESS：《热犬通信》，该杂志主要以男性大学生为目标群体，以时尚及恋爱攻略为核心内容。因在年轻群体中普及了圣诞节、情人节活动等，对年轻人的约会文化产生了极大影响。——译者注

结婚由我

上野：其实到最后，大家都是临阵磨枪。原本已经进入配偶文化的男男女女，结婚后十分彻底地在性别隔离集团中被分化。所以也根本不清楚他们究竟该不该被称作异性恋。

水无田：谈到如此本源的问题，其实已经进入十分复杂的日本文化论领域了。不过，您这的确称得上是一个非常有趣的角度。

上野：所以，当我谈及性时，是否结婚、是否生育，这些似乎都不能成为讨论它的条件。我甚至时常怀疑，这些人似乎从没想过，也没感受过关于性的问题吧？我真的时常会切实感受到这一点。

水无田：这样啊。要说如果和配偶或除配偶外的对象产生一些"不幸"后该如何去疗愈、去修复，如果是已婚人士，那么男性这边似乎只有靠妻子来疗愈苦恼了。但妻子这边却不一样，她们有着十分多彩的社会资本。比如和同性朋友谈谈，或者向老家的母亲发发牢骚。一般这样做就能得到疗愈了。

上野：没错。基本来说，同性集团都会变成"资源"。

水无田：是的，这样一来，男人虽然只能和自己的妻子发牢骚，可妻子这边倘若得不到丈夫的理解，随随便便地就能回老家去转换心情，神清气爽之后再回来。可是丈夫并不晓得其中端倪，于是就更加不开心了——大概就是这样一种状态吧。

第五章　不婚时代的性存在

上野：这种场合中的夫妻关系，触及的完全是精神管理方面的内容，和性生活毫不相干。或者进一步说，性生活就只是一种已经习惯了的生活行为。我称之为"习以为常"。（笑）

水无田：习惯了的生活行为。（笑）类似刷牙一样的行为吗？

上野：是的，就是生活习惯。所以单纯就是有没有这种生活习惯喽。

水无田：如此看来，最终不论男女，似乎都谈不了什么关于性爱和恋爱的梦想喽。

上野：因为那种浪漫爱意识形态或许只是转瞬即逝、并未定型下来的东西。这个问题似乎也和腐女之间存在联系。腐女是不是甚至连异性恋都不是呢，为了证实我这一疑念，它也算提供了各种各样的旁证。（笑）

结婚由我

给性少数者阅读的
《一个人的老后》

上野：最近我写的那本《一个人的老后》似乎被相当多"性少数"类型的人读过了。因为在不会生孩子、没有再生产、不会组建家庭这几点上,无论是"单身贵族"还是"性少数者",他们老后的命运是相同的。

水无田：福柯曾说,凡事都归结为同性恋人格,这种含有主体的存在令日本的"单身贵族"压倒性地增加,而高龄化日趋严重的现状,反而烟消云散。

上野：我想说的是,当谈到异性恋问题时,这听上去似乎是和性有关的问题,但其实是以异性恋为标准而采取的价值观问题,也就是说,是一个单纯的社会规范的问题。

这样一来,如果面对"大家都跑去结婚究竟是为了什么"这个问题,回答:因为是异性恋啊。那就错了。其实原因单纯就是一种异性恋本位的社会规范的存在。而正是因为有"男人和女人互相没有对方就无法生活"的社会经济状况做基础才支撑起了这种

第五章 不婚时代的性存在

异性恋本位的存在。所以，一旦这个"基础"崩塌了，那么维持异性恋本位的根基就消失了。也就是说，这种所谓的异性恋本位，其实出乎意料地脆弱，简简单单就能毁掉。这就是我的看法。

水无田：不如说，现实情况下已经毁得七七八八了。

上野：所以说，就像那种隐瞒自己同性恋身份去假结婚的男性一样——如果腐女们假结婚，是要在经济层面上依赖男性，是要在社会上立足，于是需要去争取一个"妻子"的身份的话，那么倘若没有这些需要了，她们也就没理由结婚了吧？结果就是单身贵族不断增加喽。

结婚由我

写进牛津英文词典的"HIKIKOMORI①"

上野：为什么日本有这么大的"蛰居"群体呢？说得明白一些，就是因为他们有养育自己的亲人，尤其是母亲，而且得属于中产阶级群体，否则，增加的就只能是那些年纪轻轻就被赶出家门的失业者人数了。

水无田：现在"蛰居"一词已经在牛津英文词典中被写作"HIKIKOMORI"了。虽然它被视为一种属于日本的特殊事例，但近些年在美国、意大利，尤其是欧洲国家，蛰居的情况似乎也增多了。

上野：据说意大利现在有不少人属于蛰居族。虽然都说是人数增多了，但我觉得可能只是变得显而易见了吧。进入近代时期，从一个孩子小时候到他长大成人，这个和家人分离的时期逐渐呈现长期化的倾向。这和经济不景气有着极为深刻的关系。即便是在法国那种崇尚个人主义的国家，自从经济开始不景气，已经长

---

① HIKIKOMORI：日文"蛰居"（ひきこもり）的读音。——译者注

大成人的孩子和自己的父母同居的时期也明显拉长了。不过这也是因为孩子的父母拥有一定的抚养能力。没有这个能力的父母，他们的孩子也根本没法做垫居族啊。

水无田：大约十年前，有一本名为《1000欧元世代》的小说十分有名，并且拍成了电影。

上野：一个月的生活费是一千欧元，换算成日元差不多是十二万。

水无田：是的。书中的男主角读了一所不错的大学，毕业之后走向社会，因为公司不是统一校招的，所以他得到了一个相对闲散且拥有终身在职权的职位。不过，工资永远也提不上去，卡在一千欧元就到头了。于是书中的男主角就只能和同一所学校毕业的朋友合租房间。

上野：和日本很像啊。

水无田：是的。意大利似乎常给人一种女性的母性很强，"恋母[1]"倾向严重，孩子长大成人了也还会在家待着的印象。不过比较出人意料的是，事实并非如此。故事中的男主角离开父母身边，两三个友人合租房间，到了周末就跑去大型商超，买很多很多罐头回去；明明也会出国去做报告，同时在做一些关乎公司命运的

---

[1] 恋母：崇拜母亲，对母亲有归属意识。

重要工作，但却完全没法出人头地。这部电影是用平淡朴实的手法，表现了这种悲哀。

上野：从世界历史的角度来看，会出现这样的情况是有以下几点原因的。第一点就是他们离家的压力要比日本人大得多。第二点就是住宅问题。所谓住宅问题其实就是性生活的问题。住在父母家是没办法过性生活的。我想这应该是比较重要的原因了。第三点就是劳动力软化。这属于世界范围的大趋势。

水无田：原来如此。您的说明十分正统。不过我想到了我们在第一章中就聊到的——日本存在一个至关重要的东西，就是爱情旅馆。

上野：是的。所以日本的年轻人就能待在父母家不走。

水无田：住在郊外、一直不离开父母家、做着临时工的男男女女们，大抵都知道哪一家爱情旅馆比较便宜，搞不好还会拿着打折券去呢。

上野：对对。我们那会儿在京都大学周边开设的爱情旅馆，还给学生打折呢——拿着学生证去就能便宜。

水无田：明明是最好能匿名的地方，但是要看证件吗？

上野：就只要给前台看一眼就行了嘛。

水无田：所以这么一来，围绕性行为的真心话和场面话，或者说是制度和实态之间相背离的情况就被睁一只眼闭一只眼地默许了。而当时在日本,这被认为是理所当然的,对吗?

上野:哎呀呀,那个时代可是性革命的时代。性行为的变化是很迅猛的。类似性行为规范的这一类身体化的规范,也就在我们眼前发生着变化。

水无田:所以反过来看,性革命的同时突然出现了很多所谓的"处女厨",这些男性对处女的追捧到了某种异常的极端程度,同时会极力贬低非处女。这种男性变多了,是因为他们的存在变得更为醒目了,还是说,只是因为这类人开始发声了呢?

上野:他们应该就是沉浸在妄想领域的一群人吧。因为没有,所以才追求。因为比较稀罕,所以追求。

水无田:稀罕……嗯……

上野:最近的青少年性行为调查数据显示,初次性交的年龄是略有上升的,应该是发生了什么促使年龄上升的事情吧。因为这三十年里,初次性交的年龄一贯是走低的,但是这个趋势发生了变化,虽然变化的幅度不大。可是在低龄化之前,历史上是先出现了高龄化的。在前近代时期,就是娘宿、若者宿[1]的时代,初次性交的年龄更早,是十三岁至十四岁。

水无田:或许也是因为日本属于农业社会吧,如果是在英国,

---

[1] 娘宿、若者宿:指江户时期,年轻的男人们和女人们分别聚集在一起,学习村落传承下来的艺能以及一些性知识的场所。

从中世纪一直到工业革命时期,女佣、男仆都会住在工商业者的家中,大多数情况下也会被记录为家庭成员之一。在工业革命发生前后那段时间里,男女在做用人期间是不能结婚的,有点像现在的学生不能结婚似的。

上野: 这一点特里·伊格尔顿在他的著作《克拉莉萨的被污:塞缪尔·理查森的作品中的文体、性行为和阶级斗争》中也提到了。用人们不能结婚,但可以做性行为的对象。

水无田: 到了二十来岁再结婚,似乎是理所当然的。

上野: 用人的性是属于雇主的。雇主和雇主的儿子一出手,把纯情又愚笨的小姑娘搞大了肚子,这样就毁了她。不过,如果那姑娘顺利当上了雇主或雇主儿子的妻子,那就能写进用人成功史了。爱德华·肖特曾经分析托马斯·哈代的小说《德伯家的苔丝》。这个来自农村的姑娘当了女佣,但农村的性规范和维多利亚时期那些中产阶级伪善者的规范,这二者的标准并不相通。因为发生了性关系并且在婚前怀孕的行为被视作禁忌,于是苔丝回到村中就遭受了极大的打击。

肖特是一位社会史学者,他认为婚外子的出生率是有一个波动的。波动会随着性规范的变化显现出来。而在这个规范变化的过程中,农村和城市、农民和中产阶级的不同规范会相互冲击。

第五章　不婚时代的性存在

水无田：原来如此，肖特的"情感革命[①]"是否也一样，即一切都是规范和地域的不同所致呢？

上野：福柯说过"我们是另一类维多利亚时代的人"，对吧？在维多利亚时期，生活在城市中的中产阶级产生了性的双重标准，也就是"妻子或娼妇"，于是也就产生了各式各样的悲剧、喜剧。在那之前的英国，农村的年轻男女在结婚前也会在稻草房里睡到一起。这种文化和日本的"私通"文化其实很相似。

水无田：是这样啊。日本作为农业国家的要素极为浓郁，而这种浓郁的时期也持续得比较久。

上野：是的。

水无田：而且工业化的速度过快了，这导致地域社会解体，人口向都市区域流入，以及产业结构高速变化，这两者是同时进行的。这就是高速成长时期的情况。我再度强调，成立于这一时期的所谓男性单方工作、扶养妻子的"白领丈夫和全职主妇"的模型，其历史非常短暂。只要拨开那层浅浅的表皮，内里那属于农村社会的特质就将一览无余。**作为这一矛盾的代价，女性就被迫承担了沉重的家庭责任，同时需要付出长时间的家务及育儿等无偿劳动。**

[①] 情感革命：近代家庭，就是靠情感来将家人维系在一起，彼此产生牵绊之情的家庭。肖特为这种形态取名为"情感革命"。

结婚由我

拥有及没有
社会资本的孩子

上野：宫台真司做过一个全国的电话俱乐部①比较研究，他说研究下来最让他震惊的是，在青森站前的电话俱乐部里，全职主妇的价钱和女高中生是一样的。

水无田：我也读到那份研究报告了。据说一次要一万五千日元……

上野：没错。在东京要三万日元的女高中生，价钱缩减到了和主妇相同的一万五千日元。也就是说，十几岁的女高中生没有附加价值。那么女高中生的附加价值都是在哪儿体现的呢——是仅限首都圈内的。这就是宫台真司的结论。

水无田：在青森那边，就算是公立学校，男女之间的差距也

---

① 电话俱乐部：20世纪80年代开始流行，是通过电话和女性交流的店铺。一般由男性付款后进入单间，由女性打电话过来交谈，视交流情况也可在店外发生性行为。电话俱乐部曾被认为是日本卖春行为的温床。此后，随着网络的普及，电话俱乐部逐渐衰落。——译者注

第五章 不婚时代的性存在

非常明显。从一开始,那些重点高中就会多收男生,所以在这类学校里读书的女生阶层是相对比较高的。中层以上的女生和宫台真司用作调查样本的女生有着十分明显的阶层差距。即便是在同一地域,也有一些看不见的因素存在,而且是非常重要的因素,但他却没有看到。

上野:因为她们被偏差值切分①了嘛。说起来,在十岁至二十岁这个区间的堕胎率方面,高知县是常年占据最差席位的。

水无田:高知县最差,是吗?据说高知县的女性劳动就业率很高,女性的社会活跃度也很高呢。

上野:与其说是在社会中活跃,不如说那里原本是农村型社会,女性的劳动就业率本来就很高。

水无田:任管理职的比例也很高呢。

上野:是因为工作年数很长吧?初次性交年龄也很早,堕胎率也很高。在日本,有很多地方都没有经历过性的近代化过程。

水无田:我想到了水俣的氮肥排放问题。石牟礼道子在著作中曾说:有观点认为,人们虽然明白水银对身体有害,可是那些海鲜是"大海的馈赠",所以必须吃——人们出于这种观念,所以还是吃掉了受污染的鱼虾。

---

① 偏差值切分:不考虑学生的兴趣及其他倾向,完全根据学力(偏差值)进行学习以及升学指导工作的行为。——译者注

结婚由我

上野：这种附加意义在一些民俗词里是能看到的。

水无田：很难解释。

上野：这种言论在那片地域被视作一种可以利用的资源。从这一点上看，也正符合之前咱们所说的"只是回归原样"了。

水无田：回归原样，就是说，最终又回到农村社会了。说白了就是大家跳完盂兰盆舞，然后就开始开集体乱交派对一类的，回到这种环境里了，是吗？

上野：不好说那是不是可以用"村"来形容，但它的确是以某种世界，或者说某一共同体为前提的。最近《深居地方的年轻人》一书中讲到的这类年轻人也变得越来越多了。他们不向往东京，不愿离开本地，一辈子就在当地待着，和在本地一起读初中、高中的朋友们混在一起生活。据说现在这种"自家即世界"的地方不良少年越来越多了。

水无田：就是温和派不良吗？

上野：他们这种叫温和派不良，是吗？我听说还有个叫法是本地人。这类人似乎遍布各地。

水无田：还有一个形容他们的词是"贫充①"。我和写下《最贫困女子》的现场采访记者铃木大介曾经聊到这方面。据说他们

---

① 贫充：指收入虽较为匮乏，但仍提倡度过一种丰富充实的生活。——译者注

这些"贫充"平时就是和一些"老伙计"混在一起，日子过得还挺滋润的。

就算没钱，但是他们在当地的人际关系、社会资本也是足够丰盈的，从这一点上来看，这些温和派不良属于不良中的精英了。不过也有些人并没有这样的优势。比如，可能会惹人烦的、沟通能力低下的、老家不让住的，又或者父母真的太过贫困、直接人间蒸发的、被人追讨债务一路从东京逃出来的……这样的年轻人是无法得救的。

上野：您说得的确没错。因为其中有些人拥有社会资本，而有些人则被排除在外。

水无田：如果自身拥有社会资本，本地再开一个大商超，那他们的确没什么必要跑去东京了。但拨开表象看本质，如果一个人有着为村社会所排挤、所厌弃、所嫌恶的特性，那他就无处可去了。

上野：铃木大介也在书中写得非常清楚：即便经济水平相当，社会资本的有无也会导致生活满意度产生根本性的区别。我认为他说得完全没错。这和老后的单身人士情况相同。

结婚由我

离婚的得失计算

水无田：如此一来，那些没有社会资本的人又该如何是好呢？我在写《单亲母亲贫困》的时候很认真地想过，到20世纪60年代前后为止，家庭制度虽渐趋形式化，但仍有残余，所以男性取得孩子监护权的案例才比较多。也就是说，尚属于由婆婆抚养孩子这样一种母系的结构。母亲想去见见孩子，就会遭受阻挠，从而引发官司。而这类官司中，有一部分判决的结论是"母亲已经被赶出家门了，所以不允许她再见孩子"。

而到了20世纪七八十年代，协议离婚的情况大幅增多，因为孩子日常的养育者是母亲，所以逐渐多由母亲取得监护权。这一点我在前面也讲到过：母亲带着孩子离婚，大多就是"举家把父亲抛弃了"。当一个男性失去了来自家人的"照顾"时，他在社会上遭孤立的风险会大幅增加，自杀风险以及孤独死去的风险也会增高。离婚后男性的平均剩余寿命要比处于婚姻状态中的男性短很多。

或许是出于以上这些原因吧，自民党议员便声称离婚就是破坏家庭，所以不能让离婚发生，并且宣布要努力降低离婚率。

上野：最近政府宣称要优待三代同居的家庭。事到如今，这种事根本就做不到嘛，真是瞎搞。

水无田：是啊，就是在瞎搞。从这些方面也可以看出，探讨个人主义和法律相背离的情况已是迫在眉睫。

上野：离婚抚养权归属的相关数据显示，抚养权归属在20世纪50年代至60年代这段时间完全达成了逆转，从丈夫转向了妻子。我认为，这是离婚的抑制力下降的结果。在那之前，离婚就等于母子分别，而自这段时期起，离婚和母子分别不再画等号了。

水无田：您说得没错。只要能留下孩子就行，根本不需要什么丈夫。关于这种改变，也产生了许多充满误会的解读，比如这是因为女人开始拥有赚钱的能力了，女人能够自食其力了，女人变得任性了……但实际情况并非如此。实际情况是，以孩子为中心这一点没有变。

上野：没错。不管女人有钱没钱，只要能得到孩子，就能离婚。这个虽然也取决于妻子这边的经济能力，但其实主要还是妻子父母的经济基础造成的影响更大。

水无田：从妻子父母的角度来看，也会觉得既然结婚后的生活如此不幸，那还不如别再继续下去了，对吧？

上野：这不是正好吗？还能让自己的女儿回来。

水无田：回来之后还能成为看护资源。

上野：没错，父母这边也是有一定的功利性动机的。

水无田：原来如此，也就是说，父母的选择既有对孩子的感情，也包含一定的算计啊。

第五章 不婚时代的性存在

男人的"依赖构造"是什么?

上野:说到这儿,我想起一点:日本的异性恋伴侣中,其实并不存在以异性恋为前提来维持关系稳定的模型。存在的是父亲—女儿模型、兄妹—姐弟模型,还有母亲—儿子模型。异性恋伴侣为亲人关系所拟制的复数文化资源中,自古就有"妹背[1]"这一所谓兄妹—姐弟模型存在。而父权制的强化导致的年龄差距较大的婚姻,使得丈夫成为妻子的保护者,这就是父亲—女儿模型了。日本型的近代家庭采用的则是母亲—儿子模型。

江藤淳在其著作《成熟和丧失——"母亲的崩溃"》[2]中论及这种典型。而在岛尾敏雄的小说《死之棘》[3]中,妻子成了母亲,将自己的丈夫视作"另一个儿子"的形态,则将那种核心家庭化里极

---

[1] 妹背:既指夫妇,也指兄妹、姐弟。该词源自日本古代神话中一些结为夫妻的神,同时也是兄妹或姐弟的情况。——译者注
[2] 《成熟和丧失——"母亲的崩溃"》:二战后日本小说,从文学视角分析母子紧密型的日本家庭文化。
[3] 《死之棘》:岛尾敏雄的代表作,该书描述了因丈夫出轨而日渐疯狂的妻子的日常生活。

度不确定、极不安稳的夫妻关系，在一种亲人关系的隐喻下变得安定了下来。所以啊，日本妻子会说出口的经典台词就是"只当家里多养了一个没用的大儿子就行了"。这也称得上是妻子们的生存战略了吧。

水无田：这句话我真的听得太多了。这算是"要做一个像母亲一样溺爱丈夫的妻子"一类的赞扬言论？

上野：漫画家安野梦洋子说过相同的话。西原理惠子在其漫画《每日妈妈》里也有类似的表达。这两位作者虽然都比我年轻，但她们各自的夫妻关系的类型都相当传统——既是一个干练的妈妈，在外又是不逊于任何人的社会人，但是只要一回家，就得照顾一个几乎生活不能自理的无能丈夫，把他当成"另一个儿子"来对待。

水无田：西原女士曾照顾她那位现在已经去世的摄影师丈夫这件事，人们是既有赞成也有反对的。不过也没想到她竟然会写到那种程度……

上野：那么您又怎么看小说家柳美里呢？无论是私人小说性质的漫画家，还是私人小说作家，都不存在区别对待喽。一件事，我们不能说由作家来描述就能被允许，漫画家来表达就不行了吧？

水无田：我反倒觉得，倘若西原女士的丈夫是一个能被她左右的人倒还好说，可是她的丈夫并不是这种人。面对这样的丈夫，真的会有人那样难舍难弃吗？不过，她连这方面都毫不隐瞒地表

第五章　不婚时代的性存在

达出来，这一点的确非常厉害。

而这也与日本这个国家格外地要求妻子负起做母亲的责任有关。男人依赖女人，女人这边也应该非常愉快地接受这种依赖——这类说法在 20 世纪 50 年代是非常多见的。男性这边也是一副颐指气使的样子，嚷着"让我们依赖"，这种例子数不胜数。我每次看到这类说法就感觉很恶心。

上野：精神科医生土居健郎所著的《依赖性结构》[1]为此提供了意识形态上的佐证。而美国的文化人类学者艾米·博罗沃伊，则从性别论角度针对此书做出了一系列"依赖性结构"的分析，实在称得上是精彩的反论。土居的这本书只会从"依赖"那一方出发，而所谓互相依赖，实际上根本不存在。依赖关系完全是一种不对称的关系。这本书丝毫没有提及被依赖一方的任何细节。博罗沃伊认为，这种互累症就和有酒精依赖的互累症伴侣一样，而这也正是日本这种"掏空自己的奉献型妻子"的病理。我认为她的理论是非常出色的日本文化论。

土居健郎的《依赖性结构》和中根千枝的《纵向社会的人际关系》[2]一同被列为面向日本文化论初学者的教科书。似乎读了这两

---

[1]《依赖性结构》：将"依赖"阐释为一种日本人特有情感的畅销书。
[2]《纵向社会的人际关系》：该著作认为日本是靠纵向组织行动的社会。日本社会的能力和一般的西欧国家并不相同。

本书就能够了解日本一样，竟然没有任何人去批判这两本书。

水无田：我记得高中的语文课上老师还让我们读过。

上野：《依赖性结构》完全没有谈到被依赖的那一方，也就是女性一方。

水无田：这本书的背景是二战后的民主化时期。所以当时的人心中是存在战败创伤的。三浦朱门曾说：如果没有好好疗养那些在外面受伤的男人，他们就没有再度站起身来走下去的力气了。

上野：或许也有这一因素吧。不过比起这一点，更为根深蒂固的原因是，男人已经无法再维持父权制了。因为这种父权制在战争中已经失败了。

水无田：原来如此。所以根源其实是在战败导致的父权制失脚上。

上野：是的，所以在寻求疗愈之前，他们必须接受变成败者的自己。所谓总体战，是一种包含军事、经济、人口、精神战斗的集合体。所以，在总体战中的败北，也就意味着精神战斗的败北。神风再也吹不起来了，神灵也不再站在日本这一边了。这也是一种道德伦理的败北。而父亲则是一种道德的体现者，也就是说，这种战败就等同于父亲的败北。所以在二战后，就开始出现了一些品评那些无法成为父亲的男人的评论家，比如江藤淳。虽然也有一直维持儿子的身份活下去的战略，不过那个时代的父权的确遭遇了惨烈的失败。

第五章　不婚时代的性存在

20世纪90年代男人们追捧的治愈系偶像

水无田：到了20世纪90年代中期，我们前面谈到的安野梦洋子的丈夫庵野秀明导演的《新世纪福音战士》开始流行，与此同时，治愈系偶像也掀起热潮，这单纯和经济层面的"战败"这样一种世态相关吗？

上野：您是指20世纪90年代的治愈系？

水无田：是的。回归母胎、治愈系，当时很流行这些。但您可能没看那一类的电视广告吧。

上野：我可以分析刚刚战败后的男人，至于20世纪90年代的男人们，就靠您来解释了。

水无田：总之不是什么总体战中败北了的那种宏大故事啦。

上野：在那场战争里可以说是败得彻彻底底了。

水无田：这样啊。那其实20世纪90年代中期的男人们是没有彻底失败的意识的。不过1995年的确是极具划时代特性的一年。

上野：是的，的确如此。大地震、奥姆真理教，对吧？

水无田：刚过新年不久就发生了阪神淡路大地震。三月又发生了地铁沙林事件。

上野：大概是从那阵子起，近代主义的范式就不再通用了，宗教的世俗化理论也不再通用。奥姆真理教宣扬的是神秘主义和末日论。

水无田：在近代主义范式不再通用的那个时期，为何开始强调起了女性的治愈能力，并且开始盛行起了援助交际呢？真是令人有一种极强的分裂感。

上野：这种"治愈"，是谁向谁提出的需求呢？

水无田：在20世纪90年代，有一条罐装咖啡的广告特别流行，这条广告的受众，是那些被称为"企业战士[1]"的男人。以此为契机，治愈系偶像的风潮便盛行起来。比如，饭岛直子、本上真奈美等。"治愈系"这个词也是从那时候开始流行的。

上野：漫画家田房永子[2]的《女人去了只有男人才能去的地方》里有一篇《AKB[3]论》，特别有意思。"那个团体虽然是一

---

[1] 企业战士：又称"猛烈上班族"，指在日本经济高速发展时期"猛烈"工作，愿为公司粉身碎骨的上班族。——译者注

[2] 田房永子：因在作品《老妈好烦》中描绘了同毒亲（有毒的父母）诀别的内容而引发讨论的漫画家。

[3] AKB：指AKB 48，日本女子偶像团体。——译者注

副少女的模样，但其实是为男人们提供无限治愈的大妈团体。"男人无论做什么都能够被其包容的、胸怀宽广的那些大妈，打扮成女学生的模样，蹦蹦跳跳。那可不就是相当受男人喜欢喽。

结婚由我

不再是榜样的父亲

上野：当男人们开始对霸权主义产生反感时，日本的父亲们也逐渐不再是儿子们的榜样了。

水无田：啊啊，是这样啊。

上野：不想成为那种大叔。对这些儿子来说，大叔成了反面教材。而这些大叔所处的时代基本就是团块世代。

水无田：不过，那也是日本型的霸权男性性质沉没的一个过程。

上野：是的，所以也可以说是经济战的一种败北。

水无田：不过经济的战败，一言以蔽之，也是和文化的转折点有着极大关联的吧。

上野：毕竟经济和文化是联动的。

水无田：经济是首要的吧。尤其是从您的立场来看。

上野：大概是从20世纪80年代起，开始有了"社畜"这个词，而社畜已经不是男性的"榜样"了。"男性气质"的性价比越来越低，想要脱离男性身份的年轻人也逐渐出现。不过，事实真的如此吗？我也不太清楚。经济不景气了，抢凳子游戏里的凳子变得更少，您所说的霸权男性性质的再生产，也仍会在某处不断地进行着。

于是，参加竞争的男人们就被严格地甄选出来，而不合格的男性就会被排除在外，社会只是为败者准备了适合他们的立足之处。所以，实际上也只是产生划分和区域化而已。我们虽然只是笼统地谈及所谓"身份社会"，但实际也的确有可能变成那样。那将是一个不同身份的集团不再混杂在一起，身处劣势者不再羡慕上位者的所谓"明辨自己身份"的社会。

水无田：如此一来，在其中获得胜利并笑到最后的男人就只会是极少数的一些精英了。在过去，只要去工作，只要多多少少有点钱就行。可是现在，"人气"的资源变得丰富，没有沟通技巧，一切就变得严酷起来了。

上野：就算不是这样，男性的结婚率和年收入也是紧密相关的。这符合"只要有钱，女人就会贴上来"的理论。就算没多少"人气"资源也不要紧。

水无田：嗯，您这么说也的确没错。不过，堀江贵文就是因为实话实说，所以才遭受他的那些男性同胞的批判的吧？

上野：是的。因为他说女人会追着钱跑。写了《钝感力》的渡边淳一被人说："女人不是跟了你，女人只是跟了你的钱包。"于是他就放话说:"钱包的厚度也是男人的魅力之一。"

水无田:这个说法蛮有名的,不过从某种意义上来说也很好懂,所以我还蛮赞同的。

上野:是的,非常好懂。

水无田:很多男性内心对此感到十分复杂且别扭,但却没意识到这种情绪的根源在何处。于是他们就只会对说实话的人表现反感。

反之,女性也向着这种发声支持霸权男性性质的男人靠近,从而构筑起一种共犯关系。喜欢帅哥,年收入得要超过多少才行,等等。前段时间,艺人道端安杰丽卡称:"结婚对象如果年收入不到五千万日元绝对不能要。"于是被狠狠地抨击了。

上野:比起霸权性质的男性,人们似乎会更加强烈地去抨击喜欢霸权性质男性的女性。柿子总挑软的捏。

水无田:是的。也就是说,一旦构筑起了那种共犯关系,那些说着男人年收入必须超过多少的、不是大帅哥绝对不行的女性,就会遭受比男人还要猛烈的抨击。尤其是年收入。毕竟帅哥的定义还是比较模糊的,年收入却是一个明确的数值。数值是非常具象的东西,所以引发的反应会更激烈。

上野:不仅如此,如果是帅哥,那还可以解释这个人拥有与生俱来的好资源,但年收入这方面,很多人心里会有屈辱感,收入低就是"你这家伙没努力吧"。

水无田：原来如此，这可真够难受的。

上野：男人的内在是彻彻底底的业绩主义嘛。

水无田：而且年收入给他们带来的自卑感真的很大。女性在谈到年收入的时候，可不会像男性那样产生屈辱感。

上野：因为那种霸权主义在女性中还不存在吧。男人不允许女性彻底加入霸权游戏。不过未来如何，还不清楚。

第六章

不婚时代，该如何生存？

结婚由我

日本是结婚、生育不可分割的社会

水无田：最后还想向您请教几个问题。首先是世代之间的"代沟"，我还想要深入地聊一下。读过我们前面谈到的那些内容后，二三十岁的单身人士大概会觉得，看来还是别结婚为好。但如此一来，被孤立的风险就会一路攀升。如果想要维持单身，同时又不让被孤立的风险增高，该如何是好呢？

上野：这个问题，我在《一个人的老后》里写到过。单身和孤立，这是两码事。虽然是单身，但只要"身边有人"，就没问题。想要做到这一点，也有很多方法、技巧，学学就好了。据我所知，维持"一个人"的状态越久的人，越是会为"身边有人"而努力。其实那些拥有家人的人反而令人感到担心：一旦失去了家人，这些人该怎么办呢？

按照我们对谈的导向，倘若来自社会的压力以及社会经济上的需求消失，那日本的这些连异性恋可能都不算的男男女女就等于失去了结婚的动机，结婚率会不停地下跌。我觉得这其实是非常自

第六章 不婚时代，该如何生存？

然的一件事，也并不会有什么问题。不过，的确遗留下来一个问题——再生产该怎么办？但其实我们也可以说：妊娠、生育也都是个别男女的个人选择，就算孩子变少了，那又如何？

说到生育子女，其实最近在国外，结婚和生育已经分割开了，而日本却还没有分割开。在这一方面，日本和其他先进国家相比，属于某种特殊国家。如果日本的结婚和生育分割开来，那就算结婚率降低了也无所谓。可是，生育率降低，社会就无法再生产了。也就是说，现在的问题是，就算和异性相处的欲望、组建家庭的欲望消失了，但想为人父母的欲望此后还会持续下去吗？

水无田：要问想不想有个孩子的话，我想恐怕大多数人会说想的吧？无论是未婚男女，还是已婚男女。

上野：就是这一点，我希望您能告诉我，因为我完全没有这方面的动机，所以那究竟是种什么欲望，我实在不清楚。这种感觉就和日本人为什么要用筷子一样，是一种十分朴素的、面对异文化产生的疑问。我真的对这种欲望完全不明白，那究竟是种什么欲望啊？您可千万别告诉我那是本能啊。

水无田：如果以我个人为例，非要说的话……就是想和谁产生一次亲子关系的愿望吧。因为我母亲去世得很早，单纯从我个人的角度出发，这算是最重要的一点，要比"生孩子是常识"更加重要。我在前面其实也谈到过，**如果我在一百个平行宇宙里存**

结婚由我

在，其中八十个宇宙里的我首先是不会选择结婚的，然后九十九个里面的我是不会生孩子的。 我就是这样一种比较明确的"败犬"类型的人啦，这一点我还是很有自知之明的。

上野：哈哈哈，那您算是阴差阳错地做了母亲喽？

水无田：您就当您眼前的这个我是一百个我中十分罕见的那个特例吧。

上野：那这可以说是命运使然啦。您是和命中注定的人相遇了吗？

水无田：是和命中注定的孩子相遇吧。因为回头再看看我结婚的动机，其实就只是出于我丈夫的劝说，出于一个结论——两个非常勤讲师结婚会在经济上更有利。于是我想："哦，说得也对。"这的确是比较合理的选择。

上野：但这可不能成为生孩子的理由呀。

水无田：是的。这就只是结婚的理由。不过就算是在我这儿，结婚是合理的，生孩子在经济上也是不合理的。当时的情况是，等到差不多生育年龄开始倒数的时候——我怀孕那年是三十六岁，我也开始琢磨，自己是不是想要生个孩子呢？关于自己为什么产生了这种想法，我考虑了很多要素，最后我认为，可能是我在亲子关系方面是有些遗憾的，因为我母亲突然因为车祸去世，所以我才会这样想吧。

第六章 不婚时代，该如何生存？

人为什么会想要孩子？

上野：您自己的例子本身是比较特殊的，但从社会学者的角度想，如今生育仍是一种多数派的选择，这是为什么呢？而且连不能生育的人也在努力地备孕。

水无田：是的。去除掉社会压力和社会经济的背景，仍旧想要生育的人究竟是怎么想的？您是想知道这个问题吧？

上野：生孩子不是欲望，而单纯是一种习惯动机吗？即便是出于一种习惯，人也能做父母。但事情只有这么简单吗，还是超越了这个概念呢？如果要用欲望去解释的话，我又实在不能理解那种欲望。所以就当我是外星人好了。

水无田：那我算是半个生了孩子的外星人……让我来解释生孩子这回事也挺难的，而且我本人不是那种发自内心地喜欢小孩，想要经营一个好家庭的人。我就只是觉得，生都生了，得负起责任来。

上野：也不知是幸运还是不幸，大家现在提到"生个孩子"时，是将生育当成一种选择去看的。对那些忧心少子化的人来说，孩子就是必须生的，但又不能强制一个人去生孩子。

如果从必须促进"日本民族""日本社会"的再生产这个角度出发，那么就算结婚率降低了也无妨，只要出生率提高了就好。所以我们讨论的主题也可以不是结婚，而是生育。至少那些期望着日本社会再生产的人是希望如此的。要达到日本社会的再生产，还有一个选项，就是不依靠人口自然增长，而是依靠社会增长，也就是移民的增加。但是对那些忧心少子化的人来说，这个选项根本就没入过他们的眼。因为他们只想让日本民族延续下去。

水无田：我周围有不少人为了能生孩子会去主动接受不孕不育治疗。这些人和我年龄相近，而且学历方面相对较高。

上野：您直接问问他们想生孩子的理由怎么样？我自己处于生育年龄的时候就到处询问那些生了孩子的女性："你们为什么要生孩子？"但得到的回答都是些没什么说服力的理由，如"我觉得既然结了婚就该生孩子"或者"因为丈夫求我生孩子"一类的。

水无田：关于为什么想生孩子这件事，我也听到过一些说法。有的是某种程度上享受到了经济方面的优待，或者丈夫相对属于自由派，又或者是离过婚的人顺嘴提过，她们觉得不生孩子，自己的人生好像不完整。

上野：这倒是很好理解。**作为女性，自身的最后一块拼图就是孩子。要是没把这一块拼图拼进去，日本就绝不会承认这个人**

第六章 不婚时代，该如何生存？

是一个完整的女人。这也是身为"败犬"的我始终遭受歧视而得出的经验，我能够理解。但这与其说是一种欲望，不如说是一种社会规范。

水无田：不过，我曾听到一个做设计师的单身妈妈说，自己这一代早晚会死，但孩子可以继承自己的思想和生活方式，她希望通过这个方式向社会持续地"投掷炸弹"，所以就生了孩子。

上野：从她孩子的角度来说只会觉得麻烦吧。

水无田：有点一脉单传的意思了。假设这种竞争继续激化，加之"女性进入社会"的情况进一步推进，主动选择不婚的母亲也进一步获得社会的认可，那么像这位母亲一样属于成功阶层的单身女性在登记结婚之外也能再生产的案例就会增加。过去，娶到年轻貌美的妻子，是男性社会成功的象征，那些妻子被称为"花瓶妻子①"，那么我上面说到的这个案例，就是"花瓶孩子"了吧。

上野：这个人并没有将孩子当成有独立人格的人。这样很成问题。她这样子和那种大企业的老板说自己想要个接手家业的继承人，有什么区别啊？

水无田：过去那种属于男性的欲望，现在女性也拥有了……就是这么一种感觉吧。

---

① 花瓶妻子：指被男人当作某种战利品一般的妻子。这种称呼带有物化女性的倾向。——译者注

结婚由我

结婚率降低，生育率也降低，这是理所当然的归宿

上野：嗯，不过其实也不用从那么宏大的层面出发。过去就有一种说法，认为我们的生命是有限的，而为了让这种有限的东西与未来相连，就会想去播撒新的种子，这种欲望是发乎自然的。

水无田：不过自然这个词，我不太想用。

上野：就算不用自然这个词去表达，不说是将有限的生命连接无限，而是连接到超越有限的事物之上，那么这种欲望或希望，我想不论男女应该都有的吧。

水无田：海德格尔曾说：面对自身的有限，拿出先驱性的觉悟，这才应该是人类的本性。而到了女性这边，就得要通过生育将无限与有限相连接，也就是这一点将女性束缚住了。

上野：事实究竟是怎样的呢？女性是否真的会从这种实存的疑问出发，去怀孕、生育呢？

水无田：把社会压力和社会经济的需求全都减去，剩下的就

第六章 不婚时代,该如何生存?

是实存的。

上野:倘若并非如此,那么日本女性中的大多数,都只是出于习惯结婚,出于习惯当了妈妈。

水无田:是的。所以那些能够越过各种压力和社会环境要素的女性都是超人,也是靠超人般的意念去生育的吧。

上野:如果是这样,那么社会性的习惯式微,结婚率和生育率会降低也是自然而然的嘛。

水无田:当然是这样。

上野:那么,既然发生的是自然而然的事,结论不就应该是"别挣扎了,接受它"才对吗?

结婚由我

不生育的利己主义，
输给了生育的利己主义

水无田：要是实在想让儿童的数量增多，就得将结婚和生育二者分开。或者说，把它们分开才是理所当然的。

上野：嗯，其实也简单，实在想让人口增加，就输入人口好了。

水无田：移民是吗？

上野：是的，输入人口就好了哟。

水无田：这类的相关讨论也很多，有观点认为应该每年引进三十万至六十万的人口。有的人说，再不引进人口就来不及了。

上野：还出现了"移民一千万人时代"的说法。

水无田：是的。在民主党执政前，自民党提出了"一千万人计划"这个东西。不过眼下这个计划产生了一系列的排异反应。

上野：因为它其实就是国粹主义，说白了就是在引进子宫、引进卵子。

水无田：这样啊，也就是说，代孕的母亲，还有冻卵都会得到提倡？可是实际又会如何呢？问题就在于，**很多人是迫于压力而去生育的，生育对她们根本不是一个快乐的选择。**

上野：是的，太不幸了。也许以我的身份这样说并不合适。但我认为，比起没有孩子，拥有孩子的人生一定是更加丰富的，我的确就是这样想的。喜怒哀乐的波动幅度以及经验的丰富程度，都是完全不同的。

聊到生育的利己主义和不生育的利己主义，哪一方的利己性更强？我和生过孩子的朋友的意见是一致的——肯定是生育的利己主义更强。当然啦，我时常这样想——我的利己主义肯定要比那些生育过的女性更慎重，所以我拥有的遗传基因也是会灭绝的那种。（笑）

水无田：原来如此。虽然这样说比较笼统，但这个国家的女性实在是没有生育的自由。最终，不变成超人，就无法去除掉社会和经济方面的原因以及不安要素。大多数人出于一种习惯去生育，现在尤为如此。到最后，几乎没有几个女性能从这种因袭或习惯、规范中获得自由。

上野：您说得没错。

结婚由我

"不可以欲望为主体"的构图

水无田：再进一步讲，很遗憾，那就是一种压抑，是不允许日本女性以欲望为主体的压抑。

上野：真的太悲哀了，如此下去，日本的女性甚至无法成为欲望的主体。

水无田：成为主体这件事始终遭受禁止的结果就是，哪怕新自由主义的倾向已经全面渗透，在这些人里，能英勇地跨越障碍，甚至生育很多子女的，仍然比较少见。而如果遭受不当解雇，会提出诉讼、奋起战斗的女性呢？很遗憾，从阶层角度来看，这种女性是不会出现的。

在一部分精英阶层中存在非常优秀的人。但我其实很想问：你们的目标其实并不是建立让女性闪耀光辉的社会，而是建立让女性不得不去闪耀光辉的社会，不是吗？

上野：不够耀眼就会输，这其实是竞技体育世界中的法则。酒井顺子在她的专栏里比较过花样滑冰选手金妍儿（2014 年退役）和浅田真央（2017年退役），并且预测了2010年温哥华冬奥会二人对决的胜败结果。我读了她的文章，写得非常棒。她写道："真央肯定会输的。"即便已经身处一个必须全身心相信自己会赢，否则就赢不了的世界中，即便是浅田真央这种水平的花滑选手，她作为日本女性的那种节制慎重的美德，仍旧在她身上呈现了出来。

水无田：原来如此。的确没错。

上野：她在文中写道："将夺胜的气势无限闪耀的金妍儿和浅田真央对比，一眼就能看出谁赢谁输了。"我读到这句时觉得她说得真的非常好。

水无田：在荒川静香活跃的时期，她在同代人中的机遇还是相当不错的。

上野：她当时是没有对手的。

水无田：荒川选手夺得金牌的舞台在都灵。那里对她这样的东洋美人非常青睐。相比之下，浅田真央和金妍儿年龄相同，体格相近。

上野：双方都是亚洲系。

水无田：是的。所以二者之中更为闪耀的那一方就会赢。

上野：没错。酒井顺子也是这样写的，而实际结果也正如她所说，她的预测应验了。

结婚由我

水无田：特意在奥运会这样民族主义比较容易沸腾起来的时期写下这些，酒井女士太厉害了，不愧是玛格丽特酒井。以前，她真的就是我心中理想的姐姐形象。因为扎根在女子文化圈，所以才不会被主流文化的气息吞没啊。

上野：她真的很棒，文字能力也是越来越强了。

水无田：于是话题又绕回来了——为什么我待在这样的文化圈中，还结婚了呢？真是搞不明白。

上野：要是您自己都无法解释，那别人就更加无法解释了。不过这可能就是一种本人都不能理解的、不假思索的力量，要是没有类似这样一种盲目的行动，或许人们就真的不会结婚，也不会生育了吧。

水无田：是命吧，就像遇到交通事故一样。

上野：幸运还是不幸，两边都是命，而如果遇到这种"命"的人减少了，那结婚的人自然也会减少。如此一来，像日本这样对婚外子女极度歧视的地方，自然生育的人也会减少。倘若我们这本书的主题就是结婚，那书中的所有解释，都是朝着结婚和生育的人都在减少的方向去的。于是就只剩一个问题了，我们要如何评价这种情况？

我认为可以这样评价：

"那又如何？""谁在乎呢？"

第六章 不婚时代，该如何生存？

仍未转化为语言的日本母子问题

水无田：正如您指出的，现实情况就是，团块世代在无法沟通这方面已经无可救药了。

上野：因为无法沟通，所以夫妻关系还能持续。而那些不愿放弃沟通的女性才会选择离婚。

水无田：啊，原来如此。团块世代是这样，其实我们还有我们的下一代也是这样的。

上野：一方面，团块世代的父亲大多数不会和自己的孩子沟通。另一方面，团块世代的母亲则会把孩子——尤其是女儿——据为己有。据为己有，相互拖累，这也会成为女儿的病症。

水无田：是呢。这是母女关系问题。

上野：前面我们其实谈到了，母女问题虽然已经转化为语言了，但母子问题却更加深远，以至恐怕至今都还未能转化为语言。

水无田：在日本恐怕母子问题更重大吧，虽然只是我的直觉。

就算将其看作被家庭关系特殊化了的一种性爱的存在,它也仍旧是最为沉重的。

上野:不过,那种语言的转化并不是像女性那样身处局外所说的,而是当事人男性所做的。母子问题比母女问题更加困难的是,儿子就算能够"弑父",也绝对无法下手"弑母"。女儿费尽全力,才总算能够将"我恨妈妈"说出口,可是儿子却绝对没办法亲口说出自己怨恨母亲。

水无田:为什么呢?为什么说不出口呢?

上野:您可以问问您的儿子。

水无田:吵架的时候,我儿子会说:"我最讨厌妈妈了。"

上野:"最讨厌妈妈"这种话是能说出来的,因为它只不过是"最喜欢妈妈"的反语嘛。做父母的听到这句话也不可能当真的吧?但是憎恶就不一样了。

水无田:真是个复杂的问题。以后我也必须慎重地思考这个问题了,我的孩子很快就要到青春期了。

上野:我读到诗人祢寝正一写的《我被痴呆妈妈吻了》,真是瞬间有无力感。他们兄弟之间仿佛搞竞争一样热忱地去看护母亲。他妻子说他恋母——"为什么要那样拼命努力去看护你母亲?"后来他和伊藤比吕美女士在《妇人公论》上做对谈,袒露了自己的动机。这个六十来岁的男人说:"我在和弟弟争夺母爱。"

这可不是在搞笑,说实话,我感觉毛骨悚然。

水无田:估计日本男人听到这个说法,谁都不会笑出来。

上野:祢寝先生甚至创作诗歌,那我想他也是个自我反省能力很强的人了。而他竟然会写出那种内容来,我觉得也算是很坦率了。

水无田:那种让人感觉毛骨悚然的东西总算被说出来了。反过来讲,他的存在也是相当珍贵的。

上野:是的。估计大部分男性就连把这种感觉说出口都做不到啊。

水无田:不如说,那感觉已经成了一种无法和他们分离的东西,被他们彻底吸收了。

上野:女人总算是在女性学中,努力将各种经验逐渐地转化为语言了。而男人还有那么多事情没做。

水无田:不管是否抚养自己的孩子,下一代都要通过这一代人继承下去,恐怕这才是问题所在。

上野:是的。这是在时代精神基础上所共有的一种心理状态吧。因为有些男性对这种心理状态怀有同感,所以也就能满不在乎地将这种精神转化为语言了。

水无田:从小说领域这十年的趋势来看,写一些从母女间的生硬疏离到更深层次的纠葛的内容会很畅销。角田光代的《第八日的蝉》中的故事就是如此，凑佳苗的作品也有这种类型。

上野：还有水村美苗的作品《母亲的遗产——新闻小说》。这本书腰封上的文案是："妈妈，你究竟什么时候才能去死啊？"

水无田：川上未映子的《乳与卵》也是这一类型。内容竟然还涉及正值初潮的少女和准备做丰胸手术的母亲之间的纠葛。藤野可织的《爪与目》也描写了父亲的情人站在继母的立场上，和女主角产生各种争斗与周旋的故事。日本文学在描写比较刺激的人际关系，比如男女性爱一类的主题时，往往很擅长置身事外。

上野：原来如此。

母亲和儿子之间令人毛骨悚然的倒错

水无田：反过来，从评选作品者的角度考虑，如果故事讲述的是母子关系，那就算写得再纠结复杂，说不定也不会予以很高的评价。

上野：因为不想看，不想听？

水无田：其实芥川奖也是这样的。评选委员的男女比例好不容易接近了，但脱颖而出的却都是描述母女之间纠葛的作品，或许是出于认识的偏颇，所以描述母子纠葛的作品就被敬而远之了吧。所以说，这种病症真的太过根深蒂固，以至倘若不能像祢寝正一那样，将其包装成一个"美好的故事"，就根本无法问世……

上野：真是一点都不美啊，我觉得好恶心。

水无田：您觉得恶心，是出于您自身的感受吗？

上野：难道是我比较特殊，所以才觉得恶心吗？

水无田：我也觉得恶心。但是我没有完整地读过这部作品，所以没法凭传闻去做出确切的批评。不过，说实话，我光是读了一下梗概就觉得很恶心，恶心到我决定再也不碰了的地步……不过，听您给出如此消极的评价，我决定还是读一下吧。

上野：我们先看它这个起名的方式——《我被痴呆妈妈吻了》。这个情节就是本书中最为出色的一段描写。得了痴呆的母亲一个劲嚷着"正一，正一，快吻吻我，吻我"。而母子吻过之后，母亲又仿佛是为了掩饰自己的痴呆，说："真讨厌啊，你怎么能对妈妈做这种事呀？"

水无田：啊哈哈哈哈……我鸡皮疙瘩都起来了。

上野：是吧？就把这段故事放到书名上，也不知道这样做是他的想法还是编辑的想法，真是够精明的呀。

水无田：是啊，真够精明的。此时此刻，我头脑中就回荡着祢寝正一再述这段故事的声音。不过反过来想想，或许不带畏惧心理地去阅读这本书才更好吧？

上野：从社会学者的角度来看，一部作品中有这样一对母子登场，这样的关系被转化为语言，并且如此受大众欢迎，那么这种现象的确是有一定分析价值的，不是吗？

水无田：暂时先把我的诗人脑关闭，转成社会学脑去阅读，说不定是能读下去的。

其实，很多的诗都在讲母亲。二战后日本的现代诗，会对二战前的口语自由诗中那种对自然的憧憬及其附带的抒情性产生一定的排除倾向，但我认为"母亲"这个主题却是个例外，就连吉本隆明也在诗中写到了"妈咪"。"妈咪"这种称呼，在法国诗歌中还挺多见的。不能写成"母亲"，所以用了"妈咪"。这种感觉，怎么说呢……有种难以形容的恶心。虽然有些东西很难大声讲出来……这恐怕也涉及日本男性的"妈咪观"究竟是怎样一种东西的问题了吧。

上野：尤其是那种老母亲和寄生在她身上、还会虐待她的儿子之间的关系，看了不禁令人产生一种茫然自失的感觉，真不知道这种家庭的阴暗究竟是种什么东西啊。

水无田：倘若凝神审视，那种阴暗可不是《第八日的蝉》能够展现的程度。

上野：我认为，将这种关系转化为语言，这是当事人的责任，所以应该由男人自己来做。

水无田：有能写出这些的男性作家吗……

上野：我也在想啊，就没有一个男人能写出这种作品吗？你们究竟在干吗啊？不过听说田中慎弥的《相食》似乎有所触及，不过我还没有读。实际是这样吗？

水无田：《相食》谈及的主要还是父与子的关系，不过也算相当难得了。

上野：人这种生物，还真是只能讲一些能讲的东西啊。没有讲述母子关系的作品问世,说明这种关系相当难以开口去描述。

水无田:原来如此。不过可惜的是,我之后的下一代人似乎也没有出现能讲述这些的人。反过来讲,倘若未婚率持续上升,男性的孤立问题又急速发展下去的话,此后关于母子之间的问题,只能越来越沉重吧。

第六章 不婚时代，该如何生存？

无法同父母分离的孩子们

上野：说起来，现在好像"妈妈离婚"的现象增多了。它指的是丈夫的母亲在小夫妻结婚后介入他们的婚姻生活，最终导致小夫妻婚姻破裂的现象。这还是汤山玲子的《在男人别扭前》告诉我的呢。

水无田：很像寺山修司嘛。寺山修司对自己幼年时期没能和母亲寺山初一起度过这件事始终耿耿于怀，而此后他们总算住到了一起，寺山初却对寺山修司产生了极强的执念。一直到寺山修司和九条今日子结婚后，她仍旧情绪激烈地表示"修司是属于我的"。于是九条今日子便和寺山修司离婚了。不过，此后九条今日子仍作为天井栈敷的制作成员，支持着寺山修司。寺山修司亡故后，她还负责照顾寺山初，后来竟在寺山初的请求下成了她的养女。也就是说，她死后将以寺山修司妹妹的身份和他葬在同一片墓地中。这还真是个奇妙的家族……不过，这种事可以说过去就有了，虽然可能不至于如此极端。最近这种情况是显著增多了吗？

上野：我认为是增多了的。因为会对母亲察言观色，可靠且顺从的儿子变多了，而会干涉儿子、将儿子据为己有的母亲也增多了。不单是结婚这一件事，包括升学、就职，这些在过去都是男男女女们离开双亲的分离仪式，而这种仪式如今已经没法真的让他们分离了。

水无田：原来如此。嗯，入职仪式的时候母亲也会出席，考大学的考场边上也设置了监护人室。

上野：监护人的人数比新生的人数还多，因为（外）祖父母也会去。

水无田：研究生院的入学仪式也是，很多妈妈会拿着录像机跟拍。

上野：一切都是少子化的结果啊。每一个孩子所能达到的边际效应上升了。

水无田：要是有四五个兄弟姐妹的话，每个人的价值就会下降。

我又想起了祢寝正一，他的诗作以直白地描写情绪著称，行文轻松且口语化。可以说，他的写作风格本就不是那种浓郁纠葛的类型，所以我更是对阅读《我被痴呆妈妈吻了》感到恐惧。因为我读过他的诗作，而且他的作品还上了教科书。他的诗朗朗上口，颇富韵律感，小学生们也常会拿来朗读。虽然很怕去读刚才谈到的那本书，但我会加油尝试去读一读的。

上野：越害怕越好奇嘛。

水无田：也是为日后做个参考吧。

结婚由我

面向一个能够自由选择不婚、结婚以及生育的社会

上野：**日本的男女出于习惯去结婚，出于习惯去生育，成为父母。我认为，在这样的夫妻关系、亲子关系之下，最大的牺牲者就是孩子。** 所以我的立场就是：只要结婚和生育的人减少，那么牺牲者就会减少。这有什么不好呢？不去硬劝着别人结婚、备孕就好了。可是如果孩子出生了，我还是希望他们能幸福的。所以我同时希望，这个社会能变成一个所有的孩子都能轻松活下去的社会。

然而，当下的日本，却和我的希望背道而驰。既想让女人去工作，又想要女人生育——我们的社会只是在不断制造这种新自由主义女性的形态。政治学者三浦玛丽称其为"新自由主义型母性"。它和传统的女性结婚后留在家中的形态虽有不同，但是这种形态本身并无变化。在这样的形态之下出生长大的孩子，我认为他们是不会幸福的。

形成一种能够认可每一个人的多样性的关系自然很好，而为

了这一点，无论夫妻还是亲子，都应该将对方作为一个拥有独立人格的个人去尊重。而要想塑造这样的一个世界，我们又该如何做呢？

水无田：从外部框架来看，我认为无论是从社会保障制度，还是法律制度上取消对婚外子女的歧视，总之都是要去构建一个让孩子们彻底平等的基础。**对母子家庭的扶助也不是建立在"对可怜妈妈的施舍"上，而是要以维护不能选择生身父母的孩子们的平等为大前提。如果这些方面无法确立，女性就无法得到"生育的自由"。如果任凭自己出于习惯而结婚，出于习惯而生育，那么当这种习惯在社会构造面前已经变得落后于时代时，就必然会变得无所适从。**

当下的日本，对女性所期待的"活跃"，是一种限制在传统家族规范内的，生产、育儿、就业，再加上三代同堂时看护老人样样都行的"活跃"。可是日本女性的时间已经被占得满满当当的了。在发达国家，日本女性的无偿劳动和有偿劳动合计起来的"总劳动时间"是最长的，她们已经再没有多余的时间了。加之，为决心生育而付出的心理及经济成本，也更偏重女性。

在过去，延续着这种习惯去生育，能够得到与之相称的生活保障。可是如今，这种保障已经消失了，以全职主妇的身份度过一生的人反而成了少数派。即便如此，女性的家庭责任仍旧沉重。这样一来,年轻一代对结婚和生育将不抱任何希望。

事到如今,对年轻的女性,仍时常有来自社会压力下的诸多威胁言论。"女性手账骚动"就是证据之一。因为过了三十五岁就不太容易怀孕生育了,所以要早做计划——这类意见使女性的心理成本越发沉重。于是很多女性高呼:"实在太烦了!"手账计划最终没有实现。这也算是痛苦现实中的一大喜讯了。

反抗现实,改变历史……这使我想到了瓦尔特·本雅明的那番话:历史的天使面对着过去的面貌……而风暴无法阻拦地将他推向未来。而齐格蒙特·鲍曼谈及这段评价时则这样说:只要历史的主要驱动力还是嫌恶而非魅力,那么历史变化之所以发生,就必然是因为人类会为自己在所遭遇的境况中产生的痛苦和不快而感到懊恼,或者对此感到恼火。

的确,相比于希望,进化在很大程度上是为了远离让人想要逃避的现实而产生的。从这一层意义上来看,无论革新还是保守,虽然二者从表现形态上看是完全不同的,但它们恐怕都扎根于同一种冲动之下。很可惜,历史并不是线性的、笔直前进着的。当我们仿佛钟摆一般猛烈地摆动着,同时拼尽全力去远离最想从现实中避开的东西时,变化必将从我们的这种冲动中生发出来。

日本拥有极为善变的文化特性,一旦改变,就是宛如雪崩般的巨变。上野女士所说的,她与之奋战了三十年而尚未改变的东

第六章 不婚时代,该如何生存?

西,可能会在转瞬间突然变化。我常说,比起男性女性的性别差异,我们的社会应该变得更加重视个性。而为了让女性获得"生育的自由",我也将尽自己所能去努力。

女性不是非得要生育才行……如今之所以能够获得这种"不生育的自由",是因为有上野女士这一代人的巨大功绩。但可惜的是,我们至今尚未获得"生育的自由"。而这种自由,当然也包含着不想生育的人选择不生育,也不会遭受责难的自由。

话虽如此,我所做的事也实在是相当微小的。我就是在所居住的地域之内扩展根脉,像杂草一样地活着;还有在杂志上为养育子女的妈妈们撰写专栏,参加社区发展的活动,每年去附近的农家做农活,或者去市场上帮忙,举办面向儿童的诗歌工作坊,开展铁道振兴活动……我的丈夫也是主要研究地域论的社会学者,他主攻社区发展的相关理论。我们不是城市医生,而是城市社会学者。真心希望我居住的这片社区,或者被称作大家有缘住在一起的地区,能够一点点地变成一个更加宽容、更适宜居住的地方。虽然我们的行动是带有模仿性质的,且范围比较狭窄。

不过,我期望着能有更多人听到这些事、读到这类书,如此一来,在全国范围内活得丰富多彩的"杂草伙伴"就能变得更多了。我是在十来岁的时候读着上野千鹤子和伊藤比吕美的作品长

结婚由我

大的,我自己也没想到,竟然有一天也成为诗人和社会学者。毕竟,一个人的话语有着能够影响现实的力量,同样也能够改变生活的方式啊。今天能够同您对谈,我真的非常高兴。

结　语

因为本书的对谈，我第一次同上野女士见了面。说得确切些，之前我在日本家族社会学会等场合见过登坛演讲的上野女士，但我们从未直接对话过。我做完了自我介绍后，上野女士突然说："水无田女士，你在写诗吧？"听到这句话的一瞬间，我吃了一惊。

"上野女士说'诗'的时候，我听成了'死'。"

在出版于 1991 年，上野女士和诗人伊藤比吕美合著的《巫女与灵媒》中，伊藤女士提到了两首诗，名为《上野女士的诗》。我当时就想起了这件事。我是关东出身，在我的耳中，上野女士那种柔和的关西风口音说出的"诗"字，的确很像"死"。所以我和伊藤女士遇到了类似的情况。

虽然知道我们在聊诗，可是上野女士却说是死。
每当她说到"死"，眼中就突然有死骸显现，我顿时慌张，因为她说到死，因为她说要写到死。

结婚由我

　　伊藤女士的这段诗，就在我的脑中轰鸣。

　　仔细想来，如今在我们周围，"死"随处可见。在这个国家，少子高龄化现象已经极度严重，人口也在不断减少。比起"生"，明显是"死"离我们更近。就算没有对此产生太过切身的体会，但每次我回到自己的老房子——相模原市的郊外，就会听说这附近又有谁去世了的消息。后来，我的老房子在几年前被父亲处理掉了，他搬去了车站附近的公寓里居住。因为母亲已经去世，而之前老房子所在的那片郊外区域，不开车就很难生活下去。父亲对那种生活感到不安，于是下了决心，处理掉了家里的房产。

　　我生于1970年，比团块世代少年要稍微早些。已经去世的母亲，要比团块世代的上野女士略年长些。在那一时期，母亲就像坐上了传送带的工业制品一样赶着结婚，可上野女士却和这条"传送带"做着斗争。下层基础、经济基础……每当上野女士谈及这些时，我的头脑中就会有一个令日本社会均质化的传送带在不断地转着圈。不过，我同时心生感慨——如今，这条传送带已经日渐衰微，变得破烂不堪了。

　　上野女士认为，一旦下层基础产生变化，那么上层建筑，也就是意识以及性别规范也会随之产生变化。我自然也认同她的观点。不过，一种下层的基础中，又是为何能够派生出特定的上层建筑的呢？这个老生常谈的问题始终在我心中挥之不去。或许，

结 语

只要想在复杂的文化斗争所孕育的日常中活下去，这个问题就将永远在我心中反复自问吧。

实际见到了上野女士后，我感觉她和我在 20 世纪 80 年代拜读她的著作时的印象并无变化，气质非常凌厉。不过，近些年上野女士也开始涉猎老年学和看护领域了。看得出，她开始进一步同这个国家的"死"正面交锋了。

我常想，这个国家对其国民生命的真实内在是并不重视的。年轻人在生育方面是如此困难，想要生活下去也是如此吃力，日本明明已经是这样的社会了，却仍旧为了保持已经形式化的家庭规范而殚精竭虑。虽然重视个性及多样性的呼声很高，可这个国家却只能容忍均质性极高的国民生活。想象力的贫瘠令人发指，似乎这就是其根源所在。

二战后，这个国家每每面对社会的变化，总是寄希望于"女性的力量"。高度成长时期，从农村拥入城市的"企业战士"们的妻子，成了全力支持他们的全职主妇。高度成长时期没落，福利资金不足，于是"日本型福利社会"又要求妻子承担一个家庭的看护任务。到了现在，生育年龄人口减少，妻子又要承担起去工作的责任。而同时，为应对少子化，国家又在极力推崇产子、育儿。

可是，其中内情又是如何？面对那些无法契合既有家庭规范的女性以及她们的孩子,这个国家表现得极度冷淡。国家对这些人的生存现状不会投以任何必需的关注,而是一味地执拗于那些行将就木的制度。在我这样一个没有足够的能力和时间,牢骚满腹地工作着、照顾着孩子的女人眼中,不时就会看到这些二战后昭和制度的亡灵。我想,我们绝不能眼睁睁地看着那些已经死去或是即将死去的规范,将我们下一代的孩子们紧紧束缚住。

这个国家处处弥漫着"死"。死去的制度被一些生者赋予意义,他们还企图将一条条鲜活的生命硬塞进条条框框中。不要被死吞没,不要被死吞没,不要被死吞没……我重复默念了三遍后,离开了上野女士的事务所。

最后,请允许我向以下诸位表达我内心的感谢。感谢上野千鹤子女士,长时间同讲话总爱发散的我交谈,感谢商业社的岩谷健一先生,感谢将我们大量的对话总结概括成书的执笔人前田和男先生。

我在此衷心地谢谢你们。

水无田气流

Original Japanese title: HIKON DESUGA, SORE GA NANIKA!?
Copyright © 2015 Chizuko Ueno, Kiriu Minashita
Original Japanese edition published by Business-sha Co., Ltd.
Simplified Chinese translation rights arranged with Business-sha Co., Ltd.
through The English Agency (Japan) Ltd. and Qiantaiyang Cultural Development (Beijing) Co., Ltd.

© 中南博集天卷文化传媒有限公司。本书版权受法律保护。未经权利人许可，任何人不得以任何方式使用本书包括正文、插图、封面、版式等任何部分内容，违者将受到法律制裁。

图书在版编目（CIP）数据

结婚由我 /（日）上野千鹤子,（日）水无田气流著；（日）董纡含译 . -- 长沙：湖南文艺出版社，2023.9
ISBN 978-7-5726-1288-6

Ⅰ.①结… Ⅱ.①上…②水…③董… Ⅲ.①女性－婚姻－通俗读物②女性－恋爱－通俗读物 Ⅳ.
① C913.1-49

中国国家版本馆 CIP 数据核字（2023）第 121205 号

上架建议：社科·女性

JIEHUN YOU WO
结婚由我

著　　者：	[日]上野千鹤子　[日]水无田气流
译　　者：	董纡含
出 版 人：	陈新文
责任编辑：	匡杨乐
监　　制：	董晓磊
策划编辑：	张婉希
营销编辑：	杜　莎　陈睿文
版权编辑：	金　哲
装帧设计：	潘雪琴
内文排版：	百朗文化
出　　版：	湖南文艺出版社
	（长沙市雨花区东二环一段 508 号　邮编：410014）
网　　址：	www.hnwy.net
印　　刷：	北京天宇万达印刷有限公司
经　　销：	新华书店
开　　本：	875 mm×1230 mm　1/32
字　　数：	197 千字
印　　张：	10
版　　次：	2023 年 9 月第 1 版
印　　次：	2023 年 9 月第 1 次印刷
书　　号：	ISBN978-7-5726-1288-6
定　　价：	59.80 元

若有质量问题，请致电质量监督电话：010-59096394
团购电话：010-59320018